# 村上食堂

## 家庭料理の「おいしい工夫」を教えます

村上祥子

Temjin

# はじめに

1972年、30歳のとき、カリフォルニア・アーモンド・クッキングコンテストで優勝しました。そして、告知をした月刊『ミセス』の編集者とご褒美（ほうび）のアメリカ旅行へ。帰国後、『ミセス』で料理家デビュー。母親も姑も亡くなっていましたから、主婦業も母親業もワンオペで頑張ります。

27歳のとき、東京・中野坂上のアパートで日本人と結婚したアメリカ人11人とドイツ人1人、計12人で「アンさんの料理教室」をボランティアで始めました。すでに、料理家としての第一歩を踏み出していたのです。今まで馴染みのなかった日本の家庭料理を習っても、材料や調味料、作り方も正確でなければ再現できません。アメリカ人の家庭には必ずあるという料理の教本をアンさんに見せてもらい、新宿の紀伊國屋書店に頼み、アメリカより取り寄せました。その本をお手本に、「英語で教える日本料理」のレシピを作りました。

本書『村上食堂』は、私が子どもたちと過ごした時代から現在に至るまでの村上家の家庭料理です。私の夢である「村上食堂®」を開店したとき、みなさまに食べていただきたいと思っているメニューで、計68点のレシピを紹介しています。

毎月第2火曜日を初日として、続く水曜日、木曜日、土曜日の4日間（金曜日は休み）、午前10時から午後1時まで開催する「村上祥子料理教室」は、毎月10品をレッスンします。生徒さんはデモンストレーションをする調理台の前に座ってスマホ片手に参加。始めから出来上がりまですべて手の内をお目にかけます。

「ここが知りたかったのよ！」「これなら自分で作れる。嬉しい！」「実は昨夜、息子にギョーザの包み方をダメ出しされたところでした」など、たくさんのお声をいただきます。バックヤードからできたての料理を運び、隣の食堂で10品、召し上がっていただきます。スタジオComの江口拓さんには、村上祥子料理教室のライブそのままを撮っていただきました。

お料理って楽しいです。ぜひ、チャレンジしてください！

村上祥子

目次

※計算単位は、1カップ＝200㎖、大さじ1＝15㎖、小さじ1＝5㎖です。
※電子レンジは機種によって、仕上がりに差が出る場合があります。レシピの時間は11ページの「電子レンジW数別加熱時間表」を参考に、様子を見ながら加減してください。

# 「村上食堂®」のメニューはここで生まれる！

過去50年間で50万点のレシピをもつ、レンチン料理の大一人者、空飛ぶ料理研究家・村上祥子の夢は、お昼だけ営業する「村上食堂®」の開業です。保健所の認可はすでに取っていますが、調理の仕事が超多忙で、開店休業状態……。そこで、リアル店より先に紙上で「村上食堂®」がオープンしました。近い将来にオープンする「村上食堂®」で提供される料理は、福岡のスタジオで作られます。食堂も隣接して設けられているスタジオを徹底紹介します。

色鮮やかなペパーミントグリーンの食器棚は、
こだわりのオーダーメイドで、組み合わせ自由。
きちんと整理整頓された棚には、
大皿や小鉢、グラス類などが、整然と並ぶ。
スタジオの模様替えのたびに、配置も変わる。

アメリカ製のオーブンは、4つのコンロ付きで、
上下のヒーターを使って調理することができる。
ケーキを焼くとき、肉や魚、パンなどを
調理するときに使えるモードがある。

オープンキッチンの隣にある食堂スペースも、
ペパーミントグリーンで統一されている。
料理教室が開催されるときには、
ここで、完成したばかりの料理を味わう。

スタジオの広さは70坪（約230㎡）で、
換気もよく、心地よい空間だ。
向かって左側には、仕事スペースもあり、
まさに、村上祥子の世界が広がる。

# 電子レンジをうまく使いこなす

電子レンジはゆでる、蒸す、煮る、煮込む、焼く、ソテー、揚げるといった調理が、油を使うことなく気軽にできるので、低カロリーな調理方法といえます。フライパンや中華鍋を使った料理に比べれば、ぐっとカロリーは低めになり、食材の持つ水分と調味料で仕上げるので、栄養成分も多く残ります。

## ❶ 電子レンジの種類によって庫内での置き方を変える

電子レンジは、ターンテーブルのあるタイプとないタイプがあり、使うときのテクニックに多少の違いがあります。各家庭の電子レンジがどちらのタイプかをよく確認してから料理を始めましょう。

### ターンテーブルなしの場合
**食材は中央に**

底部分から加熱のための電磁波が出るため、下側の火力が強くなりがちです。底側の火力が強いときは、耐熱の小皿を1枚置き、食材を入れた耐熱容器をのせて加熱するといいです。

### ターンテーブルありの場合
**食材は端に**

中央は電磁波がいちばん効きづらい場所なので、食材はターンテーブルの縁に沿って置きます。複数の場合はドーナツ状に置きます。ただし、煮物などの材料を入れた大きめのボウルは中央に置きます。このタイプの場合も、耐熱の小皿を1枚敷いてください。

### ❷電子レンジは使ったら庫内を拭きましょう

使った後は蒸発した水分や調味料が庫内に残って乾き、こびりついたりします。さびたり、加熱むらの原因になったりするので、使ったら庫内を拭きましょう。

### ❸うちの電子レンジは本に出てくるW数と違うんだけど……

W数によって加熱時間が違ってくるので、下の表を参考にしてください。電子レンジのW数は600Wか500Wタイプが多いものの、なかには400Wや700Wといったものもあります。100Wの差は大きな違いになるので、表を参考に加熱時間を調節してください。なお弱は、150W、170W、200Wなどのタイプがありますが、どのW数でも出来上がりにそれほど差はありません。

## 電子レンジW数別加熱時間表

| 400W | 500W | 600W | 700W | 900W |
|---|---|---|---|---|
| 50秒 | 40秒 | 30秒 | 30秒 | 20秒 |
| 1分30秒 | 1分10秒 | 1分 | 50秒 | 40秒 |
| 2分20秒 | 1分50秒 | 1分30秒 | 1分20秒 | 1分 |
| 3分 | 2分20秒 | 2分 | 1分40秒 | 1分20秒 |
| 3分50秒 | 3分 | 2分30秒 | 2分10秒 | 1分40秒 |
| 4分30秒 | 3分40秒 | 3分 | 2分30秒 | 2分 |
| 6分 | 4分50秒 | 4分 | 3分30秒 | 2分40秒 |
| 7分30秒 | 6分 | 5分 | 4分20秒 | 3分20秒 |
| 9分 | 7分10秒 | 6分 | 5分10秒 | 4分 |
| 10分30秒 | 8分20秒 | 7分 | 6分 | 4分40秒 |
| 12分 | 9分40秒 | 8分 | 6分50秒 | 5分20秒 |
| 13分30秒 | 10分50秒 | 9分 | 7分40秒 | 6分 |
| 15分 | 12分 | 10分 | 8分30秒 | 6分40秒 |
| 16分30秒 | 13分10秒 | 11分 | 9分30秒 | 7分20秒 |
| 18分 | 14分20秒 | 12分 | 10分20秒 | 8分 |

スタイリング　村上祥子
スタッフ　城戸恭子、福島寿美子、林田礼子
撮影　江口 拓（スタジオコム）
デザイン　高橋 潤（カバー&本文）
校正　藤田晋也
編集　矢島美奈子（天夢人編集部）

# 第1章　本日のおすすめ

わが家でずっと変わらず作り続けている料理を、現実に「村上食堂®」をオープンしたら出したいな、と考えています。きゅうりのピクルスはカレーやデヴィルスチキンに添えて、オムライスもモグライ風カレーも連日、メニューにのることでしょう。デヴィルスチキンも鶏の照り焼きも鶏肉料理。としたら、隔日になるかな……と、思いを巡らせるだけでもワクワクします。

8月は、モグライ風カレーをわが家の鍋という鍋にお代わりも入れて60人分仕込み、夜が明けきらないうちに車のトランクにのせて出発進行。フェリーで瀬戸内海の小島まで行きます。上陸したら、かまどを作ってご飯を炊き、サラダも作って……。夫の勤める部署が独身者の多いシステム部門だったこともあり、レクリエーションを楽しみながら、私も料理の腕を上げていきました。

# チャーシュー

私が料理研究家として初めて発表した料理は『ミセス』の冬の号で、このチャーシューがのったラーメンでした。香港の街頭で、掛炉(グワルウ)で焼いている写真を見て、発奮して作りました。50年以上続く、自慢のレシピです。

【材料 作りやすい分量】

豚肩ロース肉(塊)……1kg
砂糖……大さじ2
塩……小さじ1
**A** 甜麵醬(テンメンジャン)……大さじ2
オイスターソース……大さじ1
はちみつ……大さじ1
紹興酒(または酒)……大さじ1
しょうゆ……大さじ2
五香粉(ウーシャンフェン)……大さじ½
▶溶きがらし……適量

食べる分だけカットするので、残りはおいしい保存食になる。味がよくしみ込んだチャーシューと溶きがらしは、相性もバッチリ!

**【作り方】**

❶ 豚肩ロース肉は脂肪の厚い部分が入るように 4 つに切る。

❷ バットに❶を並べ、砂糖と塩の ½ 量を振りかけ、裏返して残りの砂糖と塩を振り、砂糖が溶けるまで手ですり込む。

❸ **A**を合わせ、½ 量を肉の上側にかけ、裏返して残りの**A**をかけ、全体に塗りつける。そのまま30分ほど置いてから、肉の上下を返す。バットにラップをかけ、冷蔵庫に一晩入れ、味をしみ込ませる。

五香粉は、5種類以上の香辛料をバランスよくブレンドした中国の代表的な混合スパイス

キッチンペーパーで豚肉を包み、余分な脂や水分をふき取ることで味が凝縮される

繊維がどの方向に走っているかを見て、繊維に対して直角に包丁を入れて肉をカットする

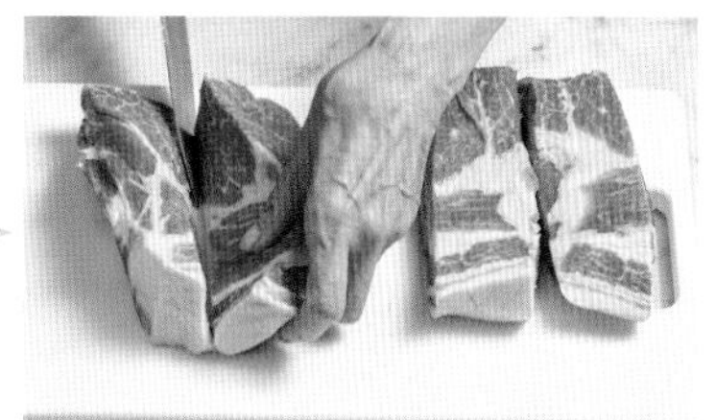

余分な脂や水分をふき取って4等分にカットすれば、タコ糸で縛る必要もなし

塩と砂糖は手の指で表裏ともによくすり込む。砂糖が溶けるまで、5分くらいが目安

塩と砂糖をすり込んだ肉にもみ込む、漬け汁を用意する

❹ 天板にアルミホイルを敷いて天板用の網をのせ、❸の肉を並べる。

❺ 180℃に熱したオーブンの中段に入れて90分焼く。

❻ 途中で3回ほど、バットに残っている漬け汁を肉に刷毛で塗る。

❼ 肉に竹串を刺して、澄んだ汁が出れば焼き上がり。

❽ 幅 1㎝ほどに切って器に盛り、溶きがらしを添える。

※冷蔵で１週間、冷凍で１カ月保存できる。

村上さんの
おいしい
工夫
Tips to Make Home Cooking Delicious

ソースはまんべんなく肉の表裏にもみ込む。表裏ともに時間を30分おいて、味をしみ込ませる

ソースをたっぷりしみ込ませた肉の上に、ラップをぴったりとかける

熱が均等にいきわたるように、オーブンの中で肉を等間隔に並べて焼く

肉の下が焦げつくので、オーブンの天板の上には必ずアルミホイルを敷くこと

肉を焼いている途中で、3回ほどバッドに戻して漬け汁を絡める

刷毛で漬け汁を数回塗ることで、さらに味がしみ込んでおいしくなる

# 溶きがらし

**【作り方】**

❶ジャムの空き瓶などに粉がらし小１袋（27g）を入れ、水大さじ３を加えて滑らかになるまで箸で混ぜる。

❷キッチンペーパーを４つ折りにして❶のからしに直接張り付け、熱湯½カップを注ぎ、５分おく。

❸湯を捨て、キッチンペーパーを取り、一度かき混ぜて、みりんと酢は各小さじ１、塩少々を加えて練り混ぜる。

※ふたをして冷蔵すれば、１カ月保存できる。

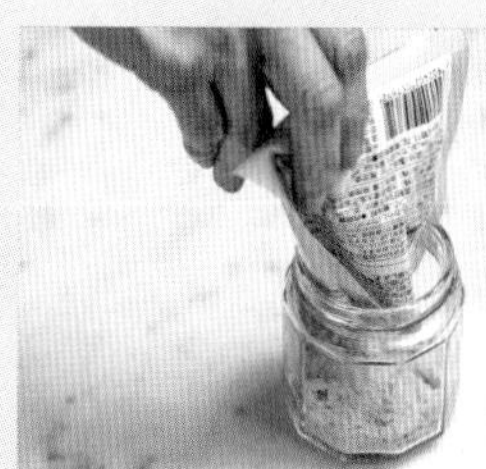

煮沸消毒をして完全に乾かした空き瓶を使うことで、保存がきくようになる

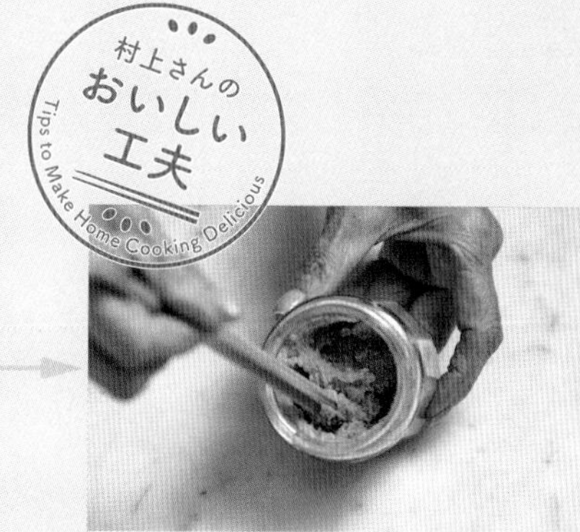


手早く混ぜて滑らかにする。からしはデンプンで、辛みが出てくる

熱湯を入れて5分おくとき、キッチンタイマーをふた代わりにのせておくと時間を忘れない

ぴったりとからしに張り付けた4つ折りのキッチンペーパーのすき間から湯がしみ込む

余分な湯を捨てることで、ゆるすぎず、滑らかな溶きがらしが完成する

みりん、酢、塩を加えて、もう一度よくかき混ぜると、より辛みが感じられるようになる

# きゅうりのピクルス

私のピクルスは爽やかな味わい。瓶ごと冷やしておくと、どんなに食欲がないときでも、コリコリかじると元気がわいてきます。カリフォルニア出身の日系3世のマーティは「私のおばあさんの味とそっくり!」と、大絶賛。

**【材料　容量1200㎖（直径8㎝×高さ18㎝の瓶）】**

きゅうり……6本（600g）

**下漬け用液**

**A** 水……2と½カップ
塩……大さじ2と½

**本漬け用液**

**B** 酢……1と½カップ（300㎖）
砂糖……100g
水……¾カップ（150㎖）

**C** 赤唐辛子……1本
にんにく……1かけ
ローリエ……1枚
シナモン棒……1本
粒こしょう（ミックス）……小さじ1

ほかにセロリ、にんじんなど

どんな野菜でも
ピクルスの材料になる。
瓶の大きさが、
ピクルスの量を決める

**【作り方】**

❶ 瓶を横倒しにして置き、洗って水気を拭いたきゅうりをびっしり差し込む。瓶を立て、口からはみ出しているきゅうりを切り落とし、その切れ端をすき間に詰める。すき間がないことが重石の役目をする。

❷ 瓶の口まで水を注ぎ、注いだ水をカップではかりながら、鍋に入れる。水１カップにつき塩大さじ１を加え、強火にかけて沸騰させる。

瓶を横に倒すことで、きゅうりをすき間なく、びっしり入れることができる

瓶の口からはみ出たきゅうりはカットするが、このカット部分を捨ててはいけない

カットした切れ端をきゅうりのすき間に埋め込むことで、重石の役割を果たす

瓶に注いだ水はカップできちんと計ること。このひと手間が、おいしいピクルス液をつくる

水1カップにつき塩は大さじ1。割合が同じことを覚えておくとよい

きっちりと分量を計った塩水は、強火にかけて短時間で沸騰させること

❸ 瓶のすき間にじょうごを差し込み、熱々の❷を口まで注ぐ。すぐふたをして、液が乳酸発酵して白く濁るまで３〜４日（真夏は１〜２日でOK）、常温におく。

❹ 濁った液を捨て、瓶を流水の下に10分おいて、きゅうりを洗う。キッチンペーパーを敷いたバットに瓶を逆さにして置き、水気を完全に切る。

❺ 塩水漬けできゅうりが細くなり、瓶の中でガタガタ動く。生のにんじんやセロリを1.5㎝角の棒状に切って、きゅうりが動かなくなるまで瓶に差し込む。

❻ 瓶の口まで水を注いで別容器にあけ、カップではかる。水が１と½カップであれば、鍋に酢１カップと水½カップを入れ、水と同量の砂糖を入れ、火にかける。沸騰するまで加熱して砂糖を溶かし、火を止める。これが **B** にあたる。

瓶のすき間から沸騰した塩水を差し込むときは、小さめのじょうごを使うとよい

右が塩水に漬けたばかりのきゅうり、左が数日たったもの。見比べると違いがよくわかる

白く濁った乳酸液は、なるべく残さないようにすべて捨てること

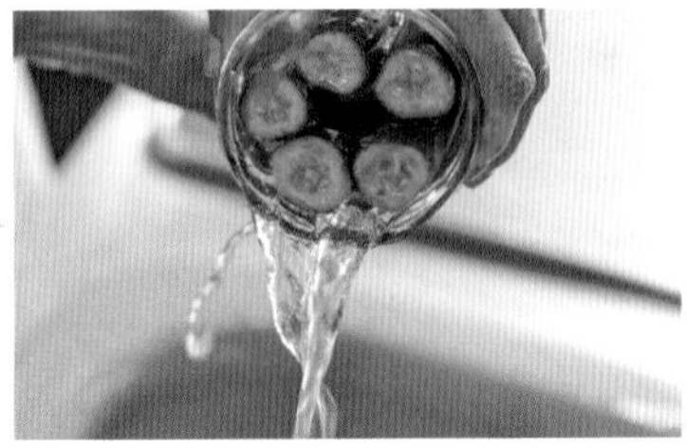
流水の下に瓶をおいて、10分以上きゅうりを洗うことで雑味がなくなり、おいしくなる

洗ったきゅうりの瓶を逆さにして、キッチンペーパーの上に置き、完全に水気を切る

きゅうりが細くなってできたすき間に、好みの野菜を入れる。このときも瓶を横に倒すとよい

❼ 瓶に **C** を詰め、きゅうりのすき間にじょうごを差し込み、**B** を注ぐ。瓶の口に雑菌の侵入防止にラップをかぶせ、ふたをギュッとしめる。室温で 1 週間おくと、おいしく食べられるようになる。

❽ 食べる量が減ってきたら、容量の少ない瓶に移す。ピクルス液が野菜にかぶっていれば、1 年間でも常温保存できる。

※にんじんやセロリに限らず、生のカリフラワーや万願寺唐辛子などを漬けてもよい。
※プロセス❸まで作り、乳酸発酵を続けて 1 カ月たつと、甘みのないロシアンピクルスが完成。ロシアンピクルスを作るときは、プロセス❸でローリエ、粒こしょう、赤唐辛子を加えておく。

上にできたすき間にも野菜を詰め込む。セロリの葉の部分など、かさばらないものがよい

きゅうりだけでなく、さまざまな野菜を詰め込むことで、いろいろな食感も味も楽しめる

最後の仕上げは赤唐辛子など5種類のスパイスで。シナモン棒はかき混ぜではなく、漬け込む

2回目のじょうごで差し込む液は水と酢と砂糖で作り、前回同様、沸騰したものを入れる

瓶の口に必ずラップをかぶせること。ラップが雑菌の侵入を防いでくれる

ふたをしめて、1週間で食べごろになる、冷蔵庫ではなく、常温保存で発酵させるとよい

# 魚の昆布締め〈まぐろ〉

夫が外で食事を取ってご帰館。「刺し身が残って困ったわ」と、そんな理由で生まれたレシピです。ＮＨＫの「ためしてガッテン」に出演したとき、木の実ナナさんに教えたら、「エッ、これだけ!?」。さぁ、その感想は？

**【材料　2人分】**

まぐろの刺し身……1パック（100g）
塩昆布（細切り）……20g
酢……大さじ2
カットわかめ（乾燥）……小さじ1
かいわれ菜……1パック

市販の塩昆布で
できるまぐろの昆布締め。
ほんのり辛みのある
かいわれ菜とのコラボ

## 【作り方】

❶ バットなどに塩昆布の ½ 量をパラパラ散らし、酢大さじ 1 をかける。

❷ ❶の塩昆布の上にまぐろの刺し身を並べ、残りの塩昆布を散らし、酢大さじ 1 をかける。ラップを刺し身にじかにのせ、手のひらで軽く押さえ、冷蔵庫に入れて 10 分以上おく。

❸ カットわかめはひたひたの水で戻し、水気を切る。かいわれ菜は根元を切り落とし、長さを 2 つに切る。

❹ 刺し身を塩昆布と一緒に器に盛り、❸を添える。

バットの上に散らした塩昆布の上に、酢をかける。塩昆布と酢は、ここで材料の半分を使う

固まって置かれた塩昆布は、箸を使ってバランスよく散らすと味が均等になる

塩昆布の上に、まぐろの刺し身を並べて、その上に残っている半分の塩昆布を散らす

塩昆布の上から同じように残っている半分の酢をかけることで、両面に味が付く

ラップを刺し身の上からかぶせて手で軽く押さえ、塩昆布のうま味成分をしみ込ませる

冷蔵庫で10分以上おくと、市販の塩昆布と酢と刺し身で魚の昆布締めが完成する

# 魚の昆布締め〈たい〉

木の実ナナさんは、一口食べて「おいし〜い、メルシー、マダ〜ム」と……。まぐろやたいだけでなく、ひらめやかじきなども昆布締めにすると、うま味と風味が倍増します。簡単レシピですので、ぜひ、お試しあれ。

【材料　2人分】
たいの刺し身……1パック（100g）
塩昆布（細切り）……20g
酢……大さじ2
アボカド……¼個
木の芽……少々

【作り方】
❶たいの刺し身は、前ページのまぐろと同様に塩昆布で昆布締めにする。
❷アボカドは皮と種を外し、一口サイズに切る。
❸昆布を軽く外したたいをアボカドと器に盛り、木の芽を手のひらにのせてたたいて添える。

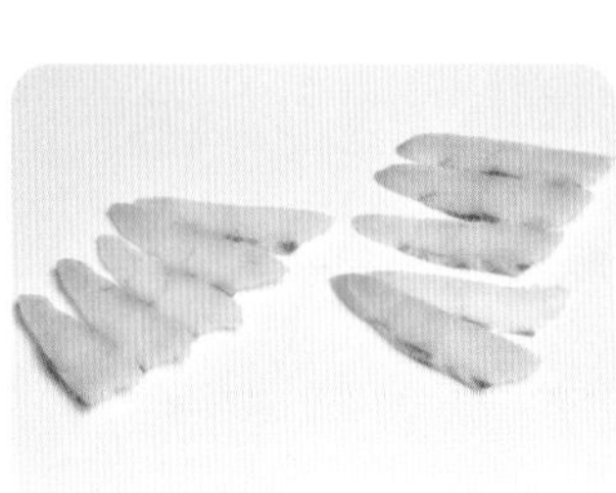

まぐろの刺し身をたいに変えれば
たいの昆布締めバージョンに。
アボカドはどんな魚とも
組み合わせがよい

# かつおのたたき

英語で教える日本料理教室の生徒のジョイスが土佐に旅行して「かつおのたたきはまるでカルパッチョ！ 教えて先生」。ということで、レッスン。藁で燻すことはできないので、「フライパンで焼くに限る！」と教えました。

【材料 4人分】

かつお（たたき用）……1節（600g）
塩……小さじ¼
皮付きにんにく……1かけ
サラダ油……大さじ1
もやし（ひげ根を取る）……200g
A 塩……小さじ½
　赤唐辛子（粗挽き）……少々
　カレー粉……小さじ½
　酢……大さじ1
にんにく（薄切り）……2かけ
しょうが（おろす）……1かけ
青じそ（8㎜角切り）……10枚
ポン酢しょうゆ……適量
すだち……1個

すだちの香りが爽やかな、
かつおのたたき。
薬味もたくさんのせて
見た目にもきれいな一品に

**【作り方】**

❶ ボウルに氷水を用意する。

❷ かつおの全面に塩をふって軽くすり込み、5分おき、にじみ出た水分はキッチンペーパーで取る。

❸ フライパンを中火にかけ、サラダ油を流し、皮付きにんにくを加え、かつおの皮を下にして入れ、1分焼く。かつおの向きを変え、残りの2面を30秒ずつ焼く。

❹ かつおを氷水に入れ、30秒浸して引き上げ、キッチンペーパーで包み、ポリ袋に入れて冷蔵庫で冷やす。

かつおは、まず皮のないほうから塩をふって、軽く指ですり込むようにする

皮にも塩をふる。5分くらいおいておくと、かつおから臭みを含む水分が出てくる

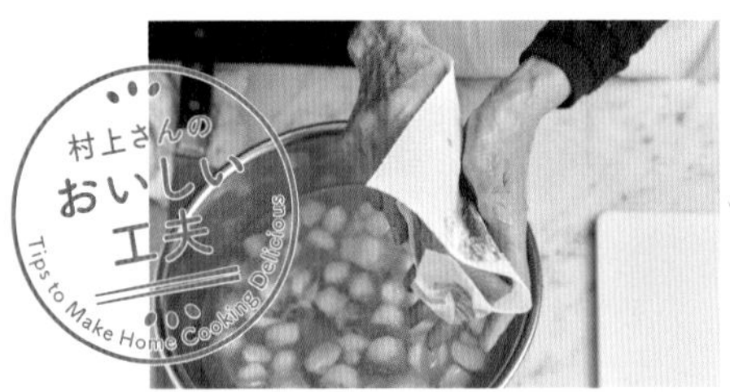


キッチンペーパーでしっかり水分をふき取ることで臭みが取れて、おいしいたたきができる

にんにくは香づけのために使う。皮付きのままだと焦げやすいにんにくも焦げない

塩をふったときとは逆に、皮のほうから先に1分、フライパンで焼く

残りの2面は半分の時間で30秒ずつ、サッと表面を焼いて焦げ目を付ける

❺ 鍋にもやしを入れ、**A** をふってかき混ぜ、ふたをして強火で熱し、蒸気が上がり出したら火を止めて冷ます。

❻ かつおは 1㎝ 厚さに切り、もやしとともに器に盛る。にんにく、しょうが、青じそ、すだちを散らし、ポン酢しょうゆを添える。

用意した氷水に30秒だけ浸ける。これ以上の時間だと、かつおの香ばしさがなくなる

氷水から引き上げたかつおは、ここでもキッチンペーパーで水分をしっかりふき取る

完成したかつおのたたきは、1㎝の厚さに切ると食べやすいだけでなく見た目もよい

指先でつまんで折るようにして、もやしのひげ根を取ると口当たりと見た目がぐっとよくなる

もやしはカレー粉で、ほんのり黄色になる。鍋の蓋をして強火で熱すること

火を止めてから、さっと鍋の中のもやしを箸で炒めるようにしてかき混ぜる

# オムライス

ケチャップ味のチキンライスを薄焼き卵で包んだオムライスは、メイドインジャパンの西洋料理です。テフロン加工のフライパンを使えば、卵がスルッと外れ、誰が作っても二重丸の出来上がりになり、見た目もばっちり。

**【材料　2人分】**

**チキンライス**

鶏ひき肉……50g
玉ねぎ（みじん切り）……¼個（50g）
ご飯（温かいもの）……300g
マッシュルーム（薄切り・水煮）……30g
グリンピース（水煮）……大さじ1
サラダ油……大さじ1
塩……小さじ½
こしょう……少々
トマトケチャップ……大さじ1と½

卵……2個
塩、こしょう……各少々
サラダ油……適量
ドミグラスソース（市販品）……¼カップ
水……¼カップ
パセリ（みじん切り）……少々

とろとろ卵のオムライスも
おいしいけれど、
やっぱり昔ながらの
懐かしい味がうれしい

**【作り方】**

❶ チキンライスを作る。
フライパンを温めてサラダ油を流し、まず鶏ひき肉を入れて、ほぐれたところで玉ねぎを加えて透き通るまで炒め、ご飯、マッシュルーム、グリンピースの順に加えて炒め、塩、こしょう、トマトケチャップで調味する。小ボウル2個に半量ずつ入れる。

❷ 卵1個を溶きほぐし、塩、こしょうする。

❸ フライパン（直径22～24㎝）を温め、サラダ油を多めに流し入れ、温まったら全部あけ、余分はキッチンペーパーで拭き取る。

鶏ひき肉を泡立て器で炒めると、早くほぐれる。余分な水分を飛ばし、肉の臭みを取る

玉ねぎの表面に透明感が出ると張りがありシャキッとする。甘みや香りも引き立つ

ご飯から入れて、最後にケチャップを投入し、チキンライスを作る

小さいボウル1個が1人前。慣れていない方は、ご飯を少なめにすると失敗が少ない

テフロン加工のフライパンは油いらずだが、多めの油を入れて温める。余分な油はふき取る

溶いた卵をフライパンに入れて、フライパンを回しながら大きな薄焼き卵を作る

❹ ❷の卵を流し入れ、フライパンを回して全体に流す。

❺ ❶小ボウルのチキンライスを❹の中央にのせ、両方から卵を起こして包み、皿をかぶせて返す。キッチンペーパーをかぶせ、形を整える。これで１人前が完成する。残りも同様にする。

❻ ドミグラスソースに水を加えて温め、❺にかけ、パセリを振る。

※ドミグラスソースの代わりに、トマトケチャップでもOK。

薄焼き卵の上にチキンライスをのせて、卵でチキンライスを包み込むようして真ん中に寄せる

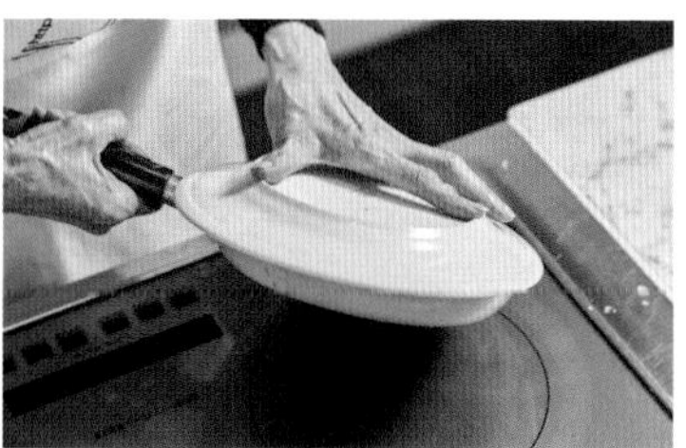

フライパンよりひと回り大きい皿をかぶせて、天地を返してオムライスを皿にパカッと移す

オムライスの卵の開いた部分が下にくるようにして、卵の切れ目が見えないようにする

キッチンペーパーをかぶせて、手で押さえながら楕円形（オムライスの形）に整える

キッチンペーパーをはずすと、薄焼き卵に包まれたきれいなオムライスの出来上がり

市販のドミグラスソースは濃度がかなり高めなので、水を入れて薄めるとちょうどよい

# 黒酢仕立てのカリッと酢豚

クセのある豚バラ肉を2段階もみ込み法で作ります。塩、こしょうして溶き卵を加えてもみ、片栗粉と強力粉を加えて、もみます。肉が断然柔らかくなります。そして、170℃の油で8分揚げることが、おいしい工夫です。

**【材料　4人分】**

豚バラ肉（塊）……200g
塩、こしょう……各少々
溶き卵……大さじ2
片栗粉……小さじ1
強力粉……大さじ1
片栗粉……適量
にんじん……1本（150g）
玉ねぎ……½個（100g）
赤パプリカ……½個（75g）
ピーマン……1個（30g）
揚げ油……適量
パクチー……少々

**黒酢あん**

**A**　中国黒酢……⅓カップ
水……⅓カップ
砂糖……大さじ3
しょうゆ……大さじ1
豆豉（トウチ）（フードプロセッサーでみじん切り）……大さじ1
にんにく（みじん切り）……½かけ

**水溶き片栗粉**

水……大さじ1
片栗粉……小さじ1

カリカリの食感！
ピーマンと
赤パプリカが
鮮やかさを演出

**【作り方】**

❶ にんじんは皮をむいて乱切りにする。耐熱容器に入れ、水大さじ 1 を加え、ラップをして電子レンジ 600W で 3 分加熱。取り出して、ざるへ上げる。

❷ 玉ねぎ、赤パプリカ、ピーマンは 2 ～ 2.5㎝角に切り、耐熱容器に入れておく。

❸ 豚バラ肉は表裏に 5㎜間隔で斜めに切り込みを入れ、幅 3㎝に切り分け、それぞれを 2 つに切ってサイコロ状にする。ボウルに入れ、塩、こしょうして混ぜ、溶き卵を加えて混ぜ、片栗粉と強力粉を加えて混ぜる。

❹ 鍋に油を 4㎝深さ注いで、170℃に熱しておく。

❺ ❸とは別のボウルに片栗粉を入れ、右手で豚肉を 1 個持ち片栗粉のボウルに移し、左手で片栗粉をまぶしてキュッとにぎる。

肉に切り込みを入れることで、肉の縮みを防ぎ、食感も火の通りもよくなる

一口大のサイコロ状に切ることで食べやすくなり、見た目もそろってきれいな仕上がりに

溶き卵を加える前に塩とこしょうを混ぜ、肉に吸わせてから溶き卵を加えて、さらに混ぜる

時間が経つと水気が出てくるので、素早く片栗粉をまぶした肉を片手でギュッとにぎる

「長すぎない?」と思っても、肉を油で揚げる時間は8分間を守ること

8分間油で揚げることで、肉からラードが溶け出して、さっぱりした食感になる

## 中国黒酢

単に黒酢といえば、鎮江香醋(ジェンジアンシアンツー)を指す。中国江蘇(こうそ)省鎮江(ちんこう)市の特産、もち米で作るアルコール発酵、乳酸発酵、酢酸発酵を同時に行っている。色つやがよく芳香がある。

## 豆豉

中国特有の調味料。蒸した大豆をしょうゆに使うこうじで発酵させたもの。色が黒く、光沢があり、豆は柔らかい粒状。酸味や苦味がないものが上級品。日本の大徳寺納豆や浜納豆に似ている。しょうゆとみそを合わせたような塩辛さと特有のうま味がある。

❻ ❹の油に❺を入れ、8 分、170℃をキープしながら表面がカリッとするまで揚げ、油を切る。長い時間揚げるが、脂身の脂肪が揚げ油に溶け出て、軽い風味になる。

❼ ポリ袋に❶のにんじんと片栗粉を入れて振ってまぶし、❻の油で揚げ、油を切る。

❽ 豚肉を揚げている間に、❷の野菜を電子レンジ 600W で 2 分加熱。取り出して、野菜から出た水分を切る。

❾ フライパンに **A** を入れ、煮立ってきたら水溶き片栗粉でとろみをつける。豚肉とにんじんを加えて絡ませ、❽の野菜を加えて火を止める。器に盛り、パクチーの葉を添える。

肉を揚げている8分間をうまく利用して、レンチンで野菜を加熱して水分を切る

黒酢あんの決め手は、中国黒酢と豆豉。片栗粉でとろみをつけて、強火で煮立てる

8分じっくり揚げた豚肉と、片栗粉をまぶして揚げたにんじんに黒酢あんを絡める

カリカリに揚げた豚肉とにんじん、レンチン野菜のコラボで、おいしくいただける

# デヴィルスチキン

鶏肉の皮を外側にして2つ折りにし、重石をのせて焼きます。パリパリクリスピー食感がうれしい一品。ローズマリーを使った料理名の由来は、悪魔に魅入られたようにいくらでも食べられるから……だそう。

**【材料　2人分】**

鶏もも肉(皮つき)……2枚(400g)

**A** ローズマリー(乾燥)……小さじ1
こしょう……少々
ガーリックパウダー……小さじ¼
粉唐辛子(パプリカ)……少々

塩……小さじ½
サラダ油……大さじ1
ローズマリー……2〜3本

外はパリっと、
中身ジューシー。
やみつきチキンは
悪魔の味

## 【作り方】

❶ まな板に鶏もも肉は皮を上にして置き、キッチンペーパーで押さえて水分を取る。

❷ まな板から鶏肉を外し、**A** を全体に散らし、鶏もも肉の皮を下にして並べる。身のほうに塩を振り、手で押さえてなじませ、2 つ折りにして爪楊枝で留める。

❸ フライパンを温め、サラダ油を流して❷を並べ、クッキングシートをかぶせ、漬物用重し（2kg）をのせる。なければ、金属製のボウルに水 2ℓを入れて押さえにする。

❹ 強火で 4 分焼き、裏返す。さらに強火で 4 分、両面とも茶色になるまで焼く。

※デヴィルスチキンを切ったとき、中心が生のときは耐熱皿に全部のせ、ふんわりとラップをし、電子レンジ 600W で 1 分加熱する。電磁波は、食材の中心部から加熱をスタートさせる。生煮え、生焼けのときはぜひ、電子レンジを利用して。

塩をふると焦げやすくなるので、外側になる皮には塩をふらないで、身のほうだけに塩をふる

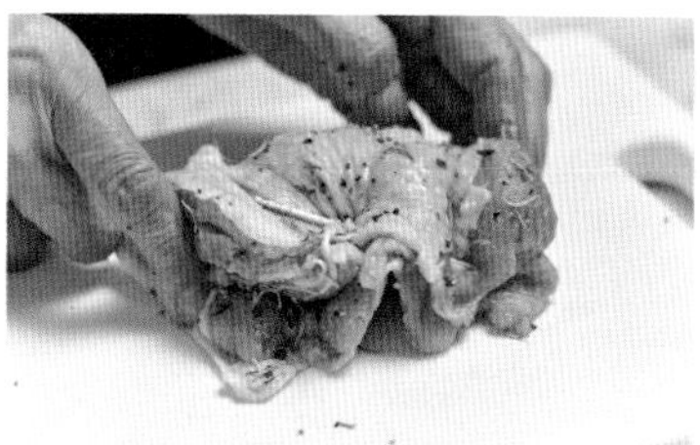

肉に散らしたスパイスは指で押さえて、なじませてから2つ折りにし、爪楊枝で留める

爪楊枝で止めた2つ折りの鶏もも肉を並べたとき、ぴたりと収まる大きさのフライパンがよい

こびり付きを防止する効果もあるクッキングシートは、重宝するのであると便利

鶏もも肉に重しをして焼くことで、皮がしっかりとムラなく焼け、脂も抜けてパリパリになる

皮が外側になっているので、両面をしっかり焼く。ひっくり返すときに焼き色を確認する

# 鶏の照り焼き

NHK「あさイチ」の「ツイQ楽ワザ〝調理家電ならイッパーツSP〟」で、披露。電子レンジの性質を生かすことで、皮に焼き目を付けるワザ「マイクロ波は塩分に集中しやすい」をご紹介したところ、大反響でした。

【材料　2人分】

鶏もも肉……1枚（300g）

A　しょうゆ……大さじ2
砂糖……大さじ2
おろししょうが……小さじ1
ごま油……小さじ1
片栗粉……小さじ½

焼かなくても
電子レンジで
ふっくらジューシーで
おいしい照り焼き

**【作り方】**

❶鶏肉がちょうど入る大きさの耐熱皿に **A** を入れ、鶏肉を加えて両面に絡め、皮を下にして置く。

❷電子レンジ庫内に耐熱性の小皿（樹脂容器のふたなど）を置き、❶をのせ、ラップをせずに電子レンジ 600W で 6 分加熱する。

❸取り出して鶏肉をひっくり返し、鶏肉の皮を上に置き直して、皿に残ったたれを鶏肉の皮に塗り、ラップをせずに電子レンジ 600W で 1 分加熱する。

❹取り出して、食べやすい大きさに切って皿に盛る。

※鶏肉の皮をパリッと焼き上げるために、❸のプロセスを行う。

調理前の鶏肉の水分をしっかりとふき取ることで、臭みがなくなり、味もよくしみ込む

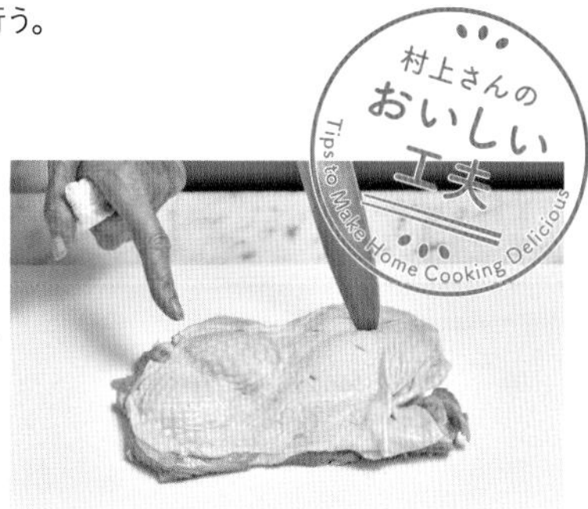


鶏肉の皮は熱が加わると縮むので、あらかじめ包丁で皮に数カ所の穴をあけて筋を切っておく

片栗粉は、溶け残りがないようにしっかりと混ぜてから耐熱皿に移す

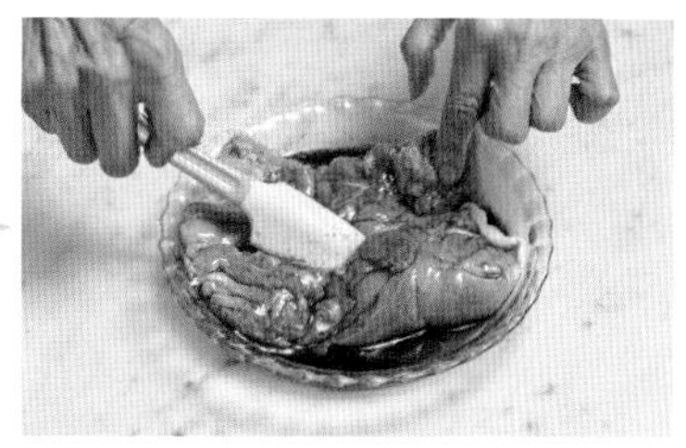

鶏肉にタレをまんべんなく塗ることで、パリっと香ばしい照り焼きになる

必ず皮を下にして鶏肉を加熱。耐熱性のふたでかさ上げをすることも忘れないように

ラップなしでレンチンすると、皮がパリパリになる。タレをつけると、ほどよい焦げ目もつく

# モグライ風カレー

インドはモグライ地方のカレーは、亡き母がプロのコックさんに来てもらって習ったもの。小麦粉のルウは使わず、すりおろした野菜だけでとろみを付けます。2時間は鍋につきっきりと大変ですが、保証付きのおいしさ。

**【材料　6～8人分】**

玉ねぎ（薄切り）……600g
にんにく（せん切り）……20g
しょうが（せん切り）……30g
豚ひき肉……200g
**A** カレー粉……大さじ3
塩……大さじ½
こしょう……小さじ1
一味唐辛子……小さじ1
セロリ……100g
にんじん……200g
じゃがいも……150g
りんご……150g
水……5カップ

**B** トマトケチャップ……⅓カップ
マンゴーチャツネ
（またはマーマレード）……½カップ
ウスターソース……大さじ3
しょうゆ……大さじ2
ゆず胡椒……小さじ1
塩……大さじ½
水……2と½カップ
鶏骨付き肉（ぶつ切り）……500g
**C** カレー粉……大さじ1
塩……小さじ1
こしょう……少々
サラダ油……½カップと大さじ1
ご飯……食べたい量
▼タバコオニオン……適量
パクチーの葉……少々

本来は羊肉のひき肉で作るそう。
ムラカミ流は鶏骨付き肉で、
タバコオニオンは
必ず添える。

**【作り方】**

❶ 玉ねぎは耐熱容器に入れ、ふんわりとラップをし、電子レンジ 600W で 12 分加熱する。

❷ 鍋を温めてサラダ油 ½ カップを入れ、❶を加えて強火で 10 分炒め、薄いきつね色になったら、にんにくとしょうがを加え、弱火で約 40 分、濃い茶色になるまで炒める。

❸ ひき肉を加えて強火で炒め、色が変わったら火を止める。**A** を加えてサッと混ぜ、余熱で香りを引き出す。

作る前に材料を並べたらこんなに！ カレーのとろみは、数種類の野菜たちが生み出す

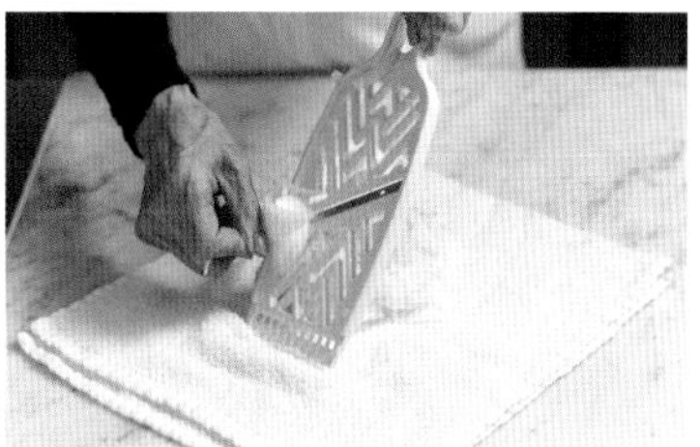

スライサーを使えば玉ねぎの薄切りがあっという間にできる。すべり止めを敷くと便利

ふんわりラップは中に水蒸気がこもるので、12分の加熱で玉ねぎがしっとりする

レンチンした玉ねぎを鍋で炒める。強火でサッと、軽いきつね色になるまで炒めること

にんにくとしょうがを加えて濃い茶色になるまで、弱火で40分ほど、じっくり炒める

強火で炒めた肉の色が変わったら火を止める。カレー粉などの香りを引き出すのは、その余熱

❹セロリ、にんじん、じゃがいもは皮をむき、りんごは芯を取って乱切りにし、すべてをミキサーに入れ、水5カップを加えて回し、ピューレ状にする。

❺❸の鍋に❹と**B**を加え、混ぜながら強火で煮る。とろみがついてきたら、水2と½カップを加え、沸騰したら中火弱にして、混ぜながら20分煮る。とろみが強くなったときは、水を1カップほど足す。

❻ポリ袋に**C**を入れ、鶏肉を加え、口を閉じて振ってまぶす。

とろみを生み出す野菜は、ミキサーでピューレ状にする。量が多いので、数回に分けるとよい

にんじんがもつ、リコピンとβ-カロテンの2つの赤い色素がピューレの色の正体

ピューレと調味料を加えたら鍋につきっきりで、手を休めずに強火で加熱を続ける

はじめはサラサラだった液体が、もったりとドロドロになったら中火弱にし、さらに加熱を続ける

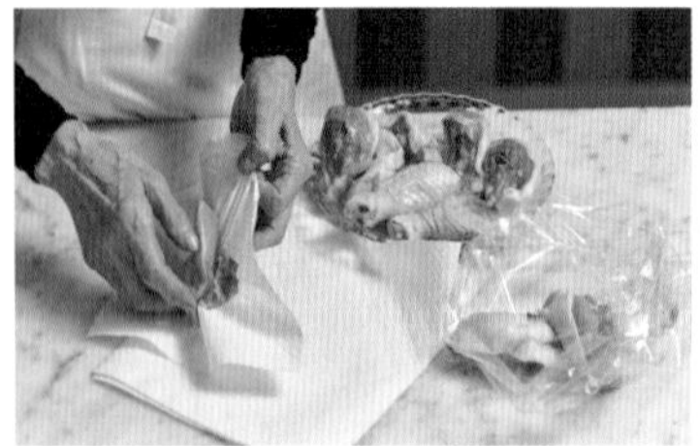

鶏骨付き肉は調理前に1個ずつ、必ずキッチンペーパーで余分な水分をふき取る

焼く前の鶏肉の味付けはポリ袋を使う。肉全体にいきわたるように、まんべんなくまぶす

❼フライパンにサラダ油大さじ1を熱し、❻を入れ、強火で全体に焼き色を付ける。

❽❺の鍋に❼を加え、強火で加熱し、ふつふつとしてきたら弱火にし、20分煮て火を止める。

❾皿に温かいご飯を盛り、チキンカレーをかけ、タバコオニオンをのせ、パクチーの葉を散らす。

※相当辛味の強いカレーなので、苦手な方は、ゆず胡椒の量を控えて。
※余ったときは1ℓ容量の牛乳パックを洗って乾かし、カレーを詰めて口をガムテープで留めて冷凍する。解凍するときは紙製パックをバリッと破いて中身を鍋に移し、火にかけて温める。

下味を付けた鶏肉は、フライパンで強火で焼く。焼く目安は、肉全体に焼き色が付くまで

肉を焼くときに油がはねるので、IHヒーターのときは新聞紙などをのせるとよい

焼き色の付いた鶏肉を鍋に投入し、中火弱で煮ていた鍋を再び強火にして、加熱する

味加減は好みで。途中でカレー粉などを入れたりして、好みの味に仕上げるとよい

鍋をかき混ぜながら、ふつふつとしてきたら弱火にして、20分煮れば完成

## タバコオニオン

【材料　4人分】
玉ねぎ……1個
強力粉……大さじ1
揚げ油……適量

【作り方】
❶玉ねぎを2㎜幅の輪切りにし、強力粉をまぶし、中温の油で混ぜながら揚げ、薄く色付いたら取り出す。
❷¼量ずつ強火で二度揚げし、タバコの煙のように色付いてカリッとなったら油を切る。

輪切りにした玉ねぎに強力粉をまぶして、まず、中温の油で混ぜながら1回揚げる

さらに強火で二度揚げすることで、カリッとしたタバコオニオンができる

カレーの薬味に欠かせないフライドオニオンは市販品もあるが、自家製は格別！　揚げた玉ねぎの形がタバコの煙に似ていることがその名の由来

# 第2章　本日のサラダ

「村上食堂®」では、魚と肉のメイン料理の前にサラダが登場します。

1973年、初めてアメリカに旅行したとき、ホテルの食事はいつでもSalad First!　ちぎったレタスが直径25～26㎝の洋皿にてんこ盛りでサーブされ、自分で塩、こしょう、ワインビネガー、オリーブ油を振りかけていただきます。周りのアングロサクソン系のお客さんを見ていると、フォークにレタスをブスッブスッと4枚ほど突き刺して、やおら口を開けてパクリ!　日本人より口腔の奥行きが長いのだろうなと、感心して眺めていました。

今でこそ、日本も、Vegetable Firstで食事をスタートするのは血糖値を急激に上げない食べ方、と推奨されています。みなさんはいかがですか?　ぜひ、Vegetable Firstでどうぞ。

# シーザーサラダ

チーズとポーチドエッグ、カリカリベーコンを加えてロメインレタスで作る、アメリカ生まれのサラダです。シーザーサラダ用ドレッシングは市販品でも手に入りますが、イチから手作りの味は、また格別といえます。

**【材料　4人分】**

ロメインレタス……1個（300g）
A　酢……大さじ1
オリーブ油……大さじ1
マヨネーズ……大さじ1
塩……小さじ¼
マスタード……小さじ1
こしょう……少々
パルメザンチーズ（おろしたもの）……大さじ1

卵……1個
ベーコン……2枚
パルメザンチーズ（おろしたもの）……大さじ1
パセリ（みじん切り）……大さじ4
バゲット……¼本（15g）
オリーブ油……大さじ2
にんにく（つぶす）……1かけ

食物繊維と葉酸を多く含む
ロメインレタス。
葉先は柔らかく、
シャキシャキ食感

## 【作り方】

❶ バゲットは幅 1.5㎝の輪切りにし、それぞれを十字に 4 つに切る。

❷ フライパンにオリーブ油とにんにくを入れて中火にかけ、にんにくのいい香りが漂ってきたら、❶を加える。箸で上下を返しながら、きつね色になるまで揚げ焼きし、キッチンペーパーにとって余分な油を切る。

❸ ロメインレタスは 4 ～ 5㎝長さにする。太いところは縦 2 つに切る。

❹ 直径 30㎝くらいの大きめのボウルに **A** を合わせ、滑らかになるまで混ぜる。

バゲットにはオリーブ油をたっぷりと吸わせて、きつね色のカリカリのクルトンを作る

ロメインレタスは根元を包丁で切り落とし、食べやすくする

ロメインレタスの葉は手でちぎり、ふきんに余分な水分を吸わせると水っぽくならない

調味料を混ぜるボウルは、ロメインレタスなどを入れるので、大きめのものを用意すること

ボウルの底に押しつけるように滑らかになるまで、小さなゴムベラを使ってよくかき混ぜる

ベーコンの上にキッチンペーパーをかぶせることで、余分な油が抜けてカリカリになる

❺ フライパンにベーコンを並べ、キッチンペーパーをかぶせ、ターナーで押さえながら弱火できつね色になるまで焼く。裏返して同様に焼き、幅 1㎝に切る。

❻ 耐熱のコーヒーカップに水大さじ 3 を入れ、卵を割り入れてソーサーをふた代わりに置き、電子レンジ 600W で 50 秒加熱する。ポーチドエッグの出来上がり。

❼ ❹のボウルに❸を入れて、空中に放り上げるように勢いをつけて混ぜ、❷、❺を散らし、パセリ、パルメザンチーズを振り、さらに混ぜ、❻をのせる。

❽ 食べるときにポーチドエッグを割って、全体に混ぜる。

カリカリベーコンは幅1㎝に切ること。このくらいの大きさがサラダにちょうどよい

ポーチドエッグは、冷蔵庫から出したばかりの卵とコーヒーカップを使ってレンチン

卵が水に浸かっていることを確認してから、コーヒーカップのソーサーをふた代わりに使う

ボウルに入れたロメインレタスは、空中に放り投げるようにするとドレッシングとよく絡まる

皿にロメインレタスを移し、カリカリのクルトンとベーコンをのせて軽く混ぜる

仕上げにパルメザンチーズをふるが、市販の粉チーズでもおいしく食べられる

# 昔風のポテトサラダ

西洋料理ですが、日本の食卓にすっかり定着した感のあるサラダ。切って放っておくと黒くなる生のじゃがいものポリフェノール・クロロゲン酸は、皮付きで電子レンジ加熱するとエグミとして残り、大人味に仕上がります。

**【材料　4人分】**

じゃがいも……中4個（600g）
玉ねぎ……¼個
にんじん……中¼本
塩……小さじ½
**A**　酢……大さじ1
　砂糖……小さじ1
　こしょう……少々
マヨネーズ……½カップ
パセリ（みじん切り）……適量

みんな大好きな
昔ながらのポテトサラダ。
じゃがいもが主役で
味付けもシンプル！

**【作り方】**

❶ じゃがいもは洗って水にぬれたままポリ袋に入れ、耐熱容器にのせ、電子レンジ600W で 12 分加熱する。

❷ 竹串がスーッと通ることを確かめて、ポリ袋に水を注いで軽く冷まし、じゃがいもを取り出す。4 つに切って皮をむき、ボウルに入れてマッシュする。

❸ 玉ねぎは薄切り、にんじんはせん切りにして、塩をふってもむ。

❹ ❷のじゃがいもに❸を汁と一緒に加え、マヨネーズを加えてあえ、パセリのみじん切りをふる。

じゃがいもは水分が少ないので、洗って水にぬれたまま、ポリ袋に皮付きのまま入れてレンチン

じゃがいもに火が通って柔らかくなっていることを確認し、粗熱をとって冷ます

皮付きのじゃがいもを4つに切る。大きいじゃがいもを使うと、この後の作業がラク

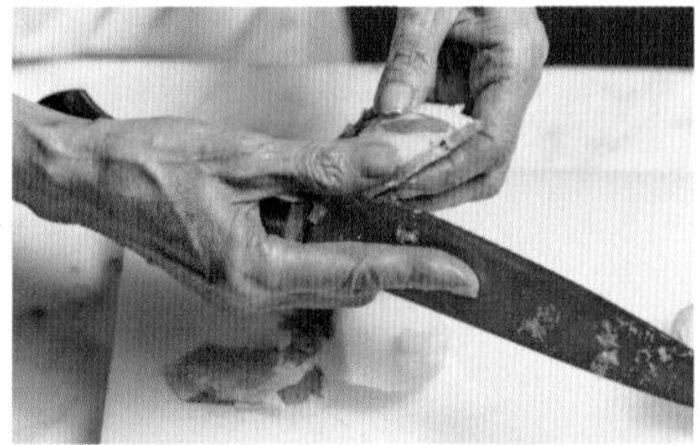

柔らかくなり、4つに切ったじゃがいもの皮をむく

薄切りの玉ねぎとせん切りのにんじんをボウルに入れて、塩をふってもみ込む

玉ねぎとにんじんを手でギュッと絞る。この絞り汁がサラダのうま味になる

絞った玉ねぎとにんじんは、じゃがいもを加える前に酢と砂糖、こしょうで味を付ける

玉ねぎとにんじんは箸でよくかき混ぜることで、全体の食感のバランスがよくなる

マッシュしたじゃがいもを加える。マッシャーがあると便利だが、なければフォークで潰す

玉ねぎとにんじんを絞って出た汁を加える。絞った汁は、絶対に捨てないように注意する

細かくマッシュするほどマヨネーズの量は多めともいうが、好みで増減するとよい

マヨネーズを加えて、さっくりと混ぜ合わせるように絡ませる

マヨネーズは均一に混ぜないで、口の中で混ぜて味わうほうがおいしい

仕上げにパセリのみじん切りをふる。お好みできゅうりやハムを入れてもよい

# オリエンタルトマトサラダ

村上家からムラカミスタジオに繋がった50年の歴史をもつ、トマトのサラダです。「村上食堂®」の定番サラダに昇格しました。ちりめんじゃことトマトの相性もばっちりで、青じそも、いい仕事をしてくれています。

**【材料　4人分】**

トマト……3個（500g）
玉ねぎ……¼個
ちりめんじゃこ……⅓カップ
**A**　しょうゆ……大さじ1
　ごま油……大さじ1
　サラダ油……大さじ1
　いりごま（白）……大さじ1
　砂糖……小さじ½
青じそ……3〜4枚
こしょう……少々

ちりめんじゃこがオリエンタル風。トッピングは手でちぎった青じそ

**【作り方】**

❶ トマトはへたを取り、1 個を 6 ～ 8 個のくし形に切り、大きければ各 2 つに切る。

❷ 玉ねぎは薄切りにして、水に 4 ～ 5 分放して辛みを抜き、ざるへ上げる。

❸ ボウルに **A** を入れて、メジャースプーンの丸い底ですり混ぜ、とろ～り状態にする。トマトと玉ねぎを加えて味を絡ませる。ちりめんじゃこを加え、器に盛る。

❹ 青じそは重ねて端から指でちぎって、❸に散らし、こしょうをふる。

トマトの赤と青じその緑が色鮮やか。トマト本来の味が楽しめる、シンプルなトマトサラダ

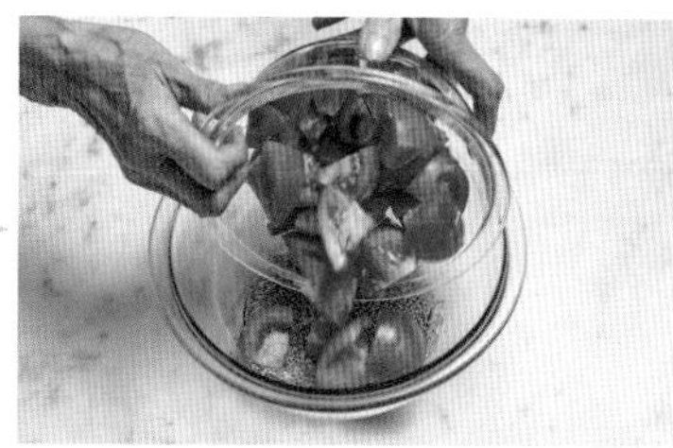
トマトは種類や大きさによるが、基本的に6～8個のくし形にして、形をそろえる

調味料を入れたボウルにトマトを投入し、絡ませる。お玉風のしゃもじを使うとよい

トマトの形をつぶさないようにして、さっくりと混ぜ合わせるようにする

薄切りの玉ねぎは、必ず水にさらして辛みを抜くこと。味がまろやかになり、おいしくなる

トマトに玉ねぎを絡ませてから、ちりめんじゃこを加えるとよい

# ゴーヤーのサラダ・肉みそを添えて

ほろ苦ゴーヤーの薄切りに、シャキシャキ凛々（りり）しい香りのみょうがのせん切り。ただそれだけのサラダに、肉みそ大豆を添えます。ゴーヤー、みょうが、肉みそが口の中で合体して香り、味、食感が広がっていきます。

**【材料　2人分】**

ゴーヤー……½本（正味100g）
みょうが……1本
▼肉みそ大豆……60g

そぼろが入った
肉みそ大豆は
アレンジ自由で
ゴーヤーを引き立てる

## 【作り方】

❶ ゴーヤーは両端を落として縦割りにし、種とワタをスプーンでかき出し、幅１～２㎜の薄切りにする。

❷ 熱湯３カップを沸かし、塩小さじ½（分量外）を加え、❶を加えて10秒ほど火を通し、冷水にとる。

❸ みょうがは縦半分に切って、斜め薄切りにする。

❹ ❷が冷めたらキッチンペーパーで包んで水分をしっかり絞り、❸と肉みそ大豆とともに器に盛る。

種とワタを取ったゴーヤーは、1～2㎜の薄切りにすること。薄くてもシャキシャキ感は残る

薄切りのゴーヤーは、10秒を目安にさっと火を通す。歯応えがなくならないように注意する

さっと火を通したゴーヤーは苦みが抜けているので、今度はすぐに冷水にとる

冷水から引き上げたゴーヤーをキッチンペーパーに包み、両手でかたく絞る

余分な水気もなくなり、苦みも抜け、シャキシャキ感が残ったゴーヤーの薄切り

# 肉みそ大豆

**【材料　出来上がり580g】**

鶏ひき肉（むね肉）……200g
サラダ油……小さじ1
**A**　みそ……70g
　砂糖……70g
　酒……大さじ1
　しょうゆ……大さじ1
大豆（水煮）……240g

**【作り方】**

❶鍋にサラダ油と鶏ひき肉を入れ、中火にかける。泡立て器で混ぜながら火を通し、ひき肉の汁気が出てきたら強火にし、水分を完全に飛ばす。

❷大豆を入れてから**A**を加えて中火にし、5分ほど練って火を止める。

❸ふた付き容器に移し、冷めたら冷蔵する。

※冷蔵で1週間、冷凍で1カ月保存できる。

村上さんのおいしい工夫
Tips to Make Home Cooking Delicious

鶏ひき肉は、泡立て器で混ぜると水分が抜けやすい。中火から強火へのタイミングを計る

砂糖には脱水作用があり、大豆の水分を引き出す働きがある。コラーゲンで固まる

何にでもアレンジできる肉みそ大豆は、作り置きおかずとして、とても重宝する常備菜のひとつ。木べらでしっかりかき混ぜる

# 第3章　本日の魚料理

夫の転勤のたびに料理教室をたたんで子どもを連れて、ついていきました。同じ町でも厚生課の事情で引っ越すように言われることもあり、16回の転居になりました。

造成された赤土の上にできたアパート（社宅）に住んでいたときは、町から魚屋さんが軽トラで出張販売にやってきました。階段を駆け下りて品定めをし、魚を購入します。「村上さんが買った魚を私もください」という、ご近所の方が何人もいらっしゃいました。

家で魚をさばいて塩をして、夕飯の準備がすんだら出刃包丁を持ってお隣に。サバの中骨もトントンと割って塩を振り、冷蔵庫にしまってもらいます。「夕飯のとき、塩を洗って昆布と鍋に入れて水を注いでだしを取ってね。せん切り大根を加えて煮ると船場汁（せんばじる）ができますよ」と、講習も行いました。教室でも人気、自慢のメニューを紹介します。

# 小エビの南蛮漬け

父母の上京時には母方の祖父がわが家に来て、私と妹の面倒を見てくれました。小平家（こべいけ）（またの名をスズメダイ）を骨まで食べられるよう、気長に火鉢で焼いて作ってくれた南蛮漬け。今は小エビを揚げて簡単に作ります。

**【材料　2人分】**

むきエビ……100g
強力粉……小さじ1
揚げ油……適量
**A**　玉ねぎ（薄切り）……¼個
にんじん（4㎝長さのせん切り）……¼本
ピーマン（種を除いて薄切り）……1個

**B**　**南蛮酢**＊
水……大さじ4
酢……大さじ2
しょうゆ……2〜3滴
塩……小さじ¼
砂糖……大さじ1
パセリ（みじん切り）……少々
かぼす（輪切り）……4枚
赤唐辛子（半割り）……1個
＊または〈すし酢大さじ3＋水大さじ3＋砂糖小さじ3〉

甘すぎず酸っぱすぎず、
飽きずに食べられる
南蛮漬けは
かぼすで爽やかに

## 【作り方】

❶ **A**の野菜はカッコ内の下ごしらえをしてボウルに入れ、**B**を合わせて混ぜる。

❷ むきエビは背わたを竹串で取り、キッチンペーパーに挟んで水気を取る。冷凍エビのときは水に浸して半解凍し、背わたを取る。

❸ ポリ袋に❷と強力粉を入れて口を閉じて振ってまぶし、160℃の油で1分ほど揚げ、油をきらずに❶に加える。

❹ 器に盛り、パセリを振り、半割りの赤唐辛子とかぼすを添える。

玉ねぎ、にんじん、ピーマンはそれぞれ下準備をしてボウルに入れる

玉ねぎは薄切り、にんじんは4㎝長さのせん切り、ピーマンは種を除いて薄切りにする

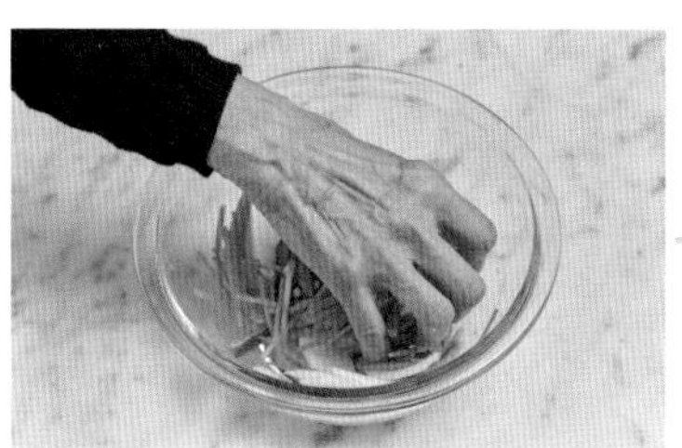

南蛮酢を合わせる前に、下準備をした玉ねぎ、にんじん、ピーマンをボウルの中で混ぜる

3種類の野菜が混ざったところで調味料を入れて、軽く混ぜ合わせる

これで野菜の準備はOK。少しすると、野菜から水分も出てきてしっとりする

小さめの器に常温の水を入れる。さて、何に使うのかは、次のページで

冷凍エビを使う場合、用意した水に入れて半解凍にする。時間をかけて解凍しなくてもよい

むきエビの背わたは、風味や色味が悪くなる原因ともなるので必ず爪楊枝か竹串で取ること

背わたを取ったむきエビは、必ずキッチンペーパーで水気をふき取ってから強力粉をまぶす

ポリ袋で強力粉をまぶしたエビは、160℃の油でいっきに揚げて、1分で引き上げる

揚げたエビは油を切らないで、南蛮酢に浸かった野菜のボウルに加える。しっとりした食感のエビの甘さと南蛮漬けのタレがよく合う

# さばのみそ煮

アンさんの料理教室グループのご主人にアンケート用紙を配ったところ、希望のメニューが「さばのみそ煮」でした。「でも、あのニオイがねぇ〜」というアメリカ人の女性。「それならムニエル方式で……」と、生まれたレシピ。

【材料　4人分】

さば……4切れ（60g／切）

A　みそ……大さじ2
　砂糖……大さじ2
　水……大さじ4
　おろししょうが……小さじ½

サラダ油……大さじ1

じゃがいも……中2個（300g）

スナップえんどう……70g

じゃがいもと
スナップえんどうを添えて
和食の定番メニューが
フライパンで簡単に！

**【作り方】**

❶ ボウルに **A** を入れ、泡立て器で混ぜる。

❷ フライパンを温めてサラダ油を流し、さばの皮を下にして並べ、中火で焼く。身の縁が白くなったら裏返す。弱火で約 3 分焼いて、火を通す。

❸ ❶のみそだれをざっと流し入れて中火にし、ときどきフライパンをゆすってさばにみそだれを絡め、火を止める。

❹ じゃがいもは洗ってポリ袋に入れ、口はしめずに耐熱容器にのせ、電子レンジ 600W で 6 分加熱する。取り出して、粗熱が取れたら手で皮をむき、箸でざっくりと割る。

みそ、砂糖、水、おろししょうがだけで、おいしいみそダレができる

しょうがは皮付きのまますりおろす。生しょうがないときは、チューブのしょうがでもOK

泡立て器で完全にみそが溶けるまで、よくかき混ぜること

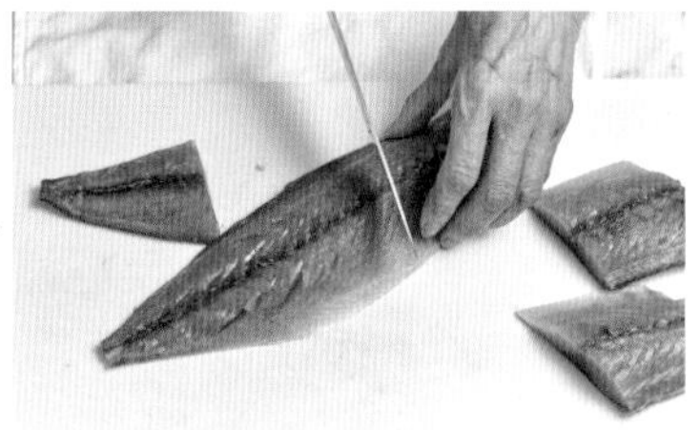

3枚おろしのさばから2切れの切り身が取れる。このメニューでは、細い尾の部分は使わない

温めたフライパンは中火で、まず皮のほうを下にしてさばを焼く

ひっくり返すタイミングは、身の縁が白くなったとき。入れた順番にひっくり返す

❺スナップえんどうは筋を取り、熱湯でゆでて冷水に取り、ざるへ上げ、両端を切り落とす。

❻器にさばを盛り、残ったみそだれをかけ、じゃがいもとスナップえんどうを添える。

フライパンにふたをすると調理時間の短縮になり、ふっくらとおいしく仕上がる

フライパンにある余分な油は、キッチンペーパーで必ずふき取ること

さば全体にみそダレを流し入れて、火を中火に強める

フライパンをときどきゆすって、みそダレがふつふつしてきたら火を止める

付け合わせのじゃがいもは、皮付きのままポリ袋に入れてレンチンする

じゃがいもの入ったレンチン後のポリ袋に水を入れて、じゃがいもの粗熱を取る

# レンチンさばのみそ煮

もっと手っ取り早く、ニオイを消す方法を紹介します。レンチンすれば一瞬で火が通り、ニオイのもと、トリメチルアミンが出る暇も与えず完成します。魚料理も電子レンジを利用することで、簡単においしくできますよ。

**【材料　1人分】**

さば（3枚おろしのもの）……1切れ（60g）
ピーマン……1個（30g）
**A**　みそ……大さじ½
砂糖……大さじ½
酒……大さじ½
水……大さじ½

青魚パワーまんさい！
添える野菜も
いろいろ変えて楽しめる。
長ねぎもおいしい

## 【作り方】

❶ さばは中骨がついていれば除き、皮に１本切り目を入れる。

❷ ピーマンは１個を２つに切り、種を除く。

❸ 耐熱容器に**A**を入れて混ぜ、さばの皮を上にして置き、スプーンでみそダレをすくってかけ、❷をのせる。ふんわりとラップをかけ、電子レンジ600Wで２分加熱する。

❹ 取り出して器に盛り、みそダレをかける。

※さばの皮に切れ目を入れるのはハジケ防止のため。さばを電子レンジで加熱したときに内部にたまる蒸気を切れ目から外に逃がし、皮がはじけて飛び散るのを防止する。

レンチンのさばのみそ煮も3枚におろしたさばを使うと、中骨を取る下準備がなくてラク

皮に1本の切り目を入れる。これはハジケ防止で、レンチンで皮の飛び散りを防ぐ

フライパンとレンチンで作るみそダレの材料は違うが、泡立て器で混ぜるのは同じ

耐熱容器に作ったみそダレの上にさばを置く。レンチンの場合は、皮を上にする

さばにみそダレをかけてから、ピーマンをのせて、ふんわりラップをする

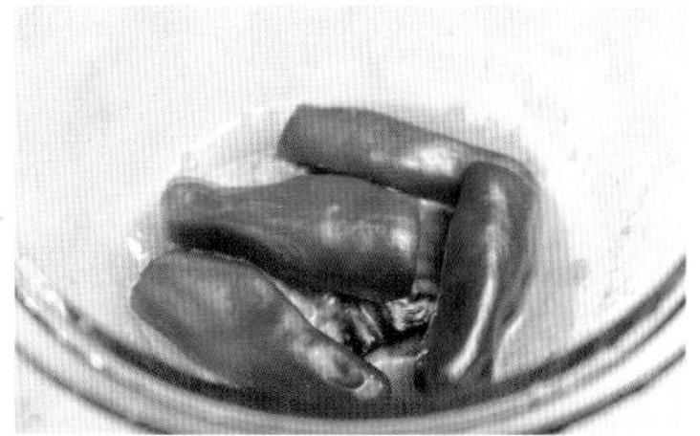

電子レンジで加熱すればわずか2分で、レンチンさばのみそ煮が完成。気になるニオイもなし

# かじきのトルコ揚げ

トルコを旅行したとき、トルコの大統領が来日された際に大統領夫人の通訳を務めた女性が、ガイドを担当してくれました。仲良くなって、彼女の自宅を訪問。そのとき、お母さんが作ってくれた一品です。

**【材料　2人分】**
かじきまぐろ……2切れ（140g）
**A**　オリーブ油……大さじ1
　塩……小さじ½
　こしょう……少々
　一味唐辛子……少々
　おろしにんにく＊……1かけ分
パセリ……1〜2本
揚げ油……適量
**衣**
天ぷら粉……大さじ3
冷水……大さじ3
＊またはチューブのおろしにんにく小さじ½

スパイスをオリーブ油で
かじきまぐろに絡め、
衣をつけて
カラっと揚げる

**【作り方】**

❶かじきまぐろは１切れを長方形に３～４個に切り分け、キッチンペーパーに挟んで水気を拭く。

❷ボウルに **A** を合わせ、❶を入れて絡める。

❸パセリは葉だけを摘み取る。

❹衣は、天ぷら粉をふるってボウルに入れ、冷水を加え、箸で混ぜる。

❺フライパンに揚げ油を2cm深さほど入れて、火にかける。160℃になったら、❷のかじきまぐろに❹の衣をつけて入れ、衣がカリッとなるまで揚げ、網じゃくしで取り出し、油を切る。

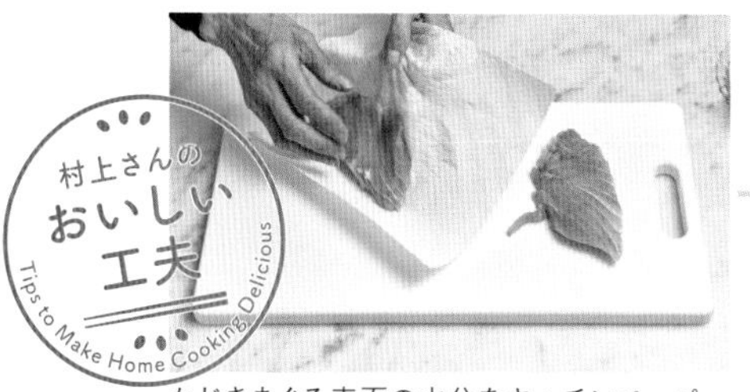


かじきまぐろ表面の水分をキッチンペーパーでふき取ると、生臭さをとり除くことができる

かじきまぐろは食べやすい一口サイズにする。大きさは1切れ3～4個が目安になる

一口サイズに切ったかじきまぐろをまな板に並べてみると、こんな感じ

かじきまぐろに付けるタレを作る。1かけ分のおろしにんにくは、チューブでもOK

タレの入った器に一口サイズに切ったかじきまぐろを入れて、タレを絡ませる

タレがボウルの底にたまらなくなるまで、かじきまぐろにタレを絡ませる

❻火を止めた油にパセリを入れる。ジャッと音がしてパセリの水分が抜け、揚げパセリができる。この間、1～2秒。網じゃくしですくい上げ、油を切る。

❼器に❺を盛り、❻を散らす。

かじきまぐろに付ける衣は、ふるった天ぷら粉に冷水を加えてよくかき混ぜる

衣は1個ずつ付けていき、油が160℃になったらかじきまぐろを入れる

かじきまぐろを引き上げるタイミングは、衣がカリッとなったとき

かじきまぐろをすべて揚げたら火を止めて、その余熱で葉だけ摘み取ったパセリを入れる

わずか1～2秒でパセリの水分が抜けるので、すぐに網じゃくしですくい上げる

揚げパセリと一緒に衣の残りもついてくる。かじきのトルコ揚げのトッピングになる

# かじきのポルトガル煮

ポルトガルも日本と同様、魚を日常的に食べるお国柄。にんにくと赤唐辛子を利かせた煮込み料理は、定番メニューです。季節の野菜のほかに、ひき割り皮なし緑豆も煮えやすいので、下ゆでなしで加えて煮込むようです。

**【材料　4人分】**

かじきまぐろ……4切れ（280g）
グリーンアスパラガス……1束（70g）
生グリンピース（豆のみ）＊……100g（正味）
塩……小さじ¼
こしょう……少々
強力粉……小さじ2
オリーブ油……大さじ1
玉ねぎ（薄切り）……1個分
にんにく（みじん切り）……1かけ分
赤唐辛子（みじん切り）……小さじ¼

**A**
グリンピースのゆで汁＋水……2カップ
鶏がらスープのもと……小さじ1
ローリエ……1枚

パセリ（みじん切り）……3本分

＊または冷凍グリンピース100g

グリンピースや
アスパラガス、
季節の野菜いっぱいの
煮込み料理

**【作り方】**

❶ かじきまぐろは塩、こしょうを振り、5 分おく。

❷ アスパラガスは根元を切り、下半分は皮をむき、2つに切る。生グリンピースは湯 2 カップで固めにゆで、ゆで汁はとっておく。冷凍グリンピースの場合も同様にする。

❸ 鍋にオリーブ油を熱し、❶に強力粉をつけて両面を焼き、取り出す。

❹ ❸の鍋ににんにくを先に入れて、玉ねぎ、赤唐辛子を加え、強火で油がなじむまで 1 分ほど炒める。かじきを戻し、**A** を加える。煮立ったらあくを取り、弱火にして 10 分煮る。

❺ アスパラガスとグリンピースを加え、煮立ったらふたをしないで中火で 4 ～ 5 分煮る。塩、こしょうで味を調え、パセリを振って火を止める。

かじきまぐろを途中でひっくり返さなくてもすむように、また板に塩、こしょうを振る

塩、こしょうを振ったまな板の上にかじきまぐろを置き、塩、こしょうを振る

塩、こしょうで下味を付けたかじきまぐろに、小麦粉をまぶす。ポリ袋を使うと簡単

フライパンではなく鍋にオリーブ油を熱し、小麦粉をまぶしたかじきまぐろを焼く

縁が白くなり表面も白くなったときが、かじきまぐろをひっくり返すタイミング

両面を焼いたかじきまぐろは、いったん鍋から取り出しておく

かじきまぐろを取り出した鍋にオリーブ油を入れて、香りづけのにんにくを入れる

続いて赤唐辛子、薄切りの玉ねぎを加えて、油がなじむまで強火で1分炒める

わずか1分の炒め時間に使うのは木ベラではなく、ステンレス製の浅いおたま

スープを入れたら、生グリンピースとグリーンアスパラガスを加えて煮る

煮立ったら玉ねぎを炒めたステンレス製の浅いおたまで、あくを取る

あくを取ったら鶏がらスープのもとを入れて、スープに味を付ける

取り出したかじきまぐろを鍋に戻し、ふたをしないで中火で煮込む

味が濃くなったようであれば、好みで水を足す。味の仕上げは、塩、こしょうで

# つやつやいか

オール義歯だった私の父の好物が、なぜか、いかのつや煮でした。調味料でサッと煮たいかをいったん取り出して、煮汁にとろみをつけ、いかを戻して絡ませます。生ではコリコリした歯応えのあるいかの、やわらか煮です。

**【材料　2人分】**

するめいか……1ぱい（300g）
しょうが……1かけ（20g）
**A** しょうゆ……大さじ3
砂糖……大さじ2
みりん……大さじ1
**B** 片栗粉……小さじ1
水……小さじ2
ロメインレタス……1枚
すだち……1かけ

しっかり味がしみ込んだ
柔らかいいかは
片栗粉のとろみで
つやつやに

**【作り方】**

❶ いかの胴は 1.5㎝幅の輪切りにし、足は 2 ～ 3 本ずつ切り離し、長いものは 2 つに切る。

❷ しょうがは、皮付きのまま薄切りにする。

❸ 鍋に **A** を入れて煮立て、❶❷を加える。再び煮立ったら箸でいかをかき混ぜ、いかが白くなったら取り出す。

❹ 煮汁に **B** を加えてとろみをつけ、いかを戻して絡め、火を止める。

❺ ロメインレタスを敷いた器に盛る。

新鮮ないかは、透明感がある。白くなっていないもの、目は真っ黒いものを選ぶこと

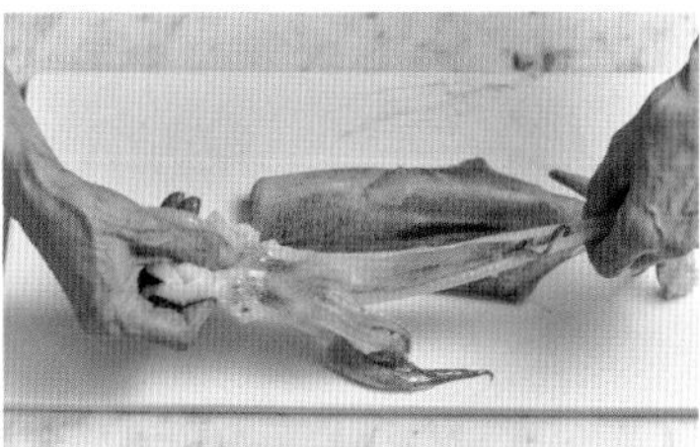

胴と内臓のつなぎ目を指で離す。足のつけ根を持って、内臓を引き抜く

その後、軟骨も引き抜く。内臓を取り出した後のいかは、よく水洗いして水気をふく

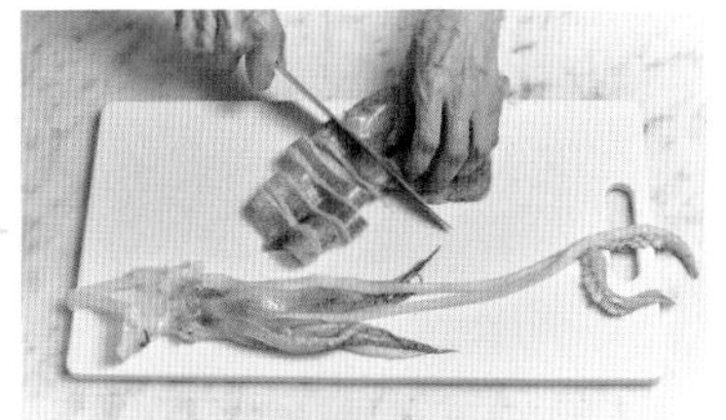

胴は、煮物などにするときは皮つきのまま筒状に切る。足は長ければ2つにざっくりと切る

これで下準備はOK。切ったいかの身は透明感があり、皮が茶褐色のものだから新鮮

砂糖は別にする。しょうゆ、みりんは小さい器に入れるだけで、混ぜることはしない

フライパンに砂糖を入れて、しょうゆとみりんを入れる

煮汁が煮立ってきたら、重ならないようにいかを並べていく

スライサーで薄切りにした皮付きのしょうがを、フライパンに加える

ふつふつと煮立ってきたら、箸でいかをかき混ぜる。煮すぎると、いかが固くなるので注意する

いかが白くなる、そのタイミングでいったん、フライパンからいかを取り出す

残った煮汁は焦げそうかなというタイミングで、水で溶いた片栗粉を入れて、とろみを出す

取り出したいかを、とろみをつけた煮汁と、よく絡める

いかに煮汁を絡めると、あっという間につやつやしたいか煮物が完成する

# あらかぶの煮付け

スズキ目メバル科に属する海水魚のかさごは、福岡県、佐賀県、長崎県ではあらかぶと呼びます。25㎝前後あり、体の大きさに対して、頭や口、ヒレが大きいのが特徴。煮付け、から揚げ、ぶつ切りにして潮仕立てもおいしい。

**【材料　2人分】**

あらかぶ＊……2尾（150g／尾）
**A** 酒……大さじ2
　みりん……大さじ2
　砂糖……大さじ2
　しょうゆ……大さじ2
赤玉ねぎ……¼個（50g）
みつば……½ワ
＊魚屋さんでうろこを引き、えらと内臓を取ってもらう

上品な味わいのあらかぶ。
付け合わせの
赤玉ねぎとみつばが
彩りを添える

## 【作り方】

### 〈電子レンジで作る場合〉

❶ あらかぶは頭を左、腹を手前で盛り付けたとき表になる方の皮に斜めに1本、切り込みを入れる。

❷ 赤玉ねぎはスライサーで薄切りにし、酢小さじ½（分量外）をかけてまぶす。みつばはさっとゆでて冷水に取り、軽く絞り、4㎝長さに切る。

❸ 耐熱ボウルに **A** の半量を入れて砂糖を溶かし、10㎝× 30㎝のクッキングシートを1枚敷き、❶をのせ、煮汁を上からもかける。

❹ ふんわりとラップをし、電子レンジ 600W で 3 分加熱。

❺ 取り出して器に盛り、❷を添える。もう1尾も同様にする。

ハジケ防止のため、あらかぶの皮に斜めに1本、骨に届くまで切り込みを入れる

耐熱ボウルに酒、みりん、しょうゆを入れて砂糖を溶かし、煮汁をつくる

煮汁の入った耐熱ボウルにクッキングシートを敷き、その上にあらかぶをのせる

魚は煮ると形がくずれるので、煮汁の上に置いたキッチンペーパーからつけ込むようにする

耐熱ボウルを少し傾けながら、全体にまんべんなく煮汁を絡める

あらかぶが入った耐熱ボウルにふんわりとラップをして、後はレンチンするだけ

**〈鍋で煮る場合〉**

❶鍋にたっぷりの湯を沸かし、あらかぶを網じゃくしにのせてサッとくぐらせ、冷水にとる。水の中で残っているうろこや血合いなどを除き、キッチンペーパーで水気を取る。

❷**A**を鍋に入れて煮立て、❶を並べ入れ、水1カップを加え、ふたをしないで強火で煮る。

❸途中でしょうがを散らす。煮汁をかけながら、汁が⅓量になるまで煮て火を止める。

❹器に盛り、煮汁をかけ、赤玉ねぎとみつばを添える。

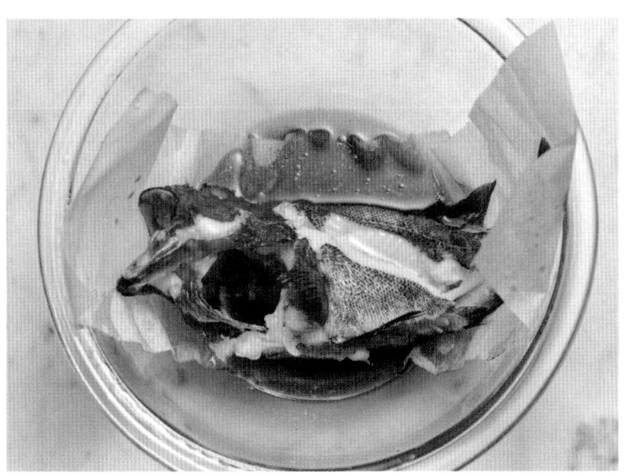

あらかぶは透明感のある白身の魚で、火を通しても硬くならないので加熱調理に向いている。食べるところは少ないが、味は抜群！

# あじの柚子胡椒風味と茄子のだしポン酢仕立て

そのまま飲めるほど塩分の少ない、だし割りポン酢じょうゆをたっぷりかけます。柚子胡椒入りしょうゆはあじの片面だけに塗り、その上にごま、小ねぎを置くと、のり代わりになって盛り付けるときも外れません。

**【材料　2人分】**

**あじの柚子胡椒風味**

あじ（3枚おろしのもの）……80g

**A** ゆず胡椒（またはすだち胡椒）……小さじ¼

しょうゆ……小さじ½

いりごま（白）……小さじ1

小ねぎ（小口切り）……少々

なす＊1……150g

青じそ……2枚

**だしポン酢＊2　出来上がり100㎖**

水……80㎖

削り節……小1パック（2g）

**B** 酢……大さじ2

砂糖……大さじ1

しょうゆ……小さじ1

レモン汁……大さじ1

塩……小さじ¼

＊1　関東なすなら2本、九州の長なすなら1本

＊2　市販品のポン酢しょうゆ大さじ2に水大さじ3、砂糖大さじ1を加えてもよい

相性バツグンのあじとなすは手に持ったとき収まりのよい塗りの煮物わんに盛る

## 【作り方】

### ❶〈あじの柚子胡椒風味〉

① あじは腹骨をすき取り、小骨を抜き、頭のついていた方から皮を引き、そぎ切りにする。

② **A** を合わせて①の片面にスプーンで塗り、いりごまと小ねぎを振る。

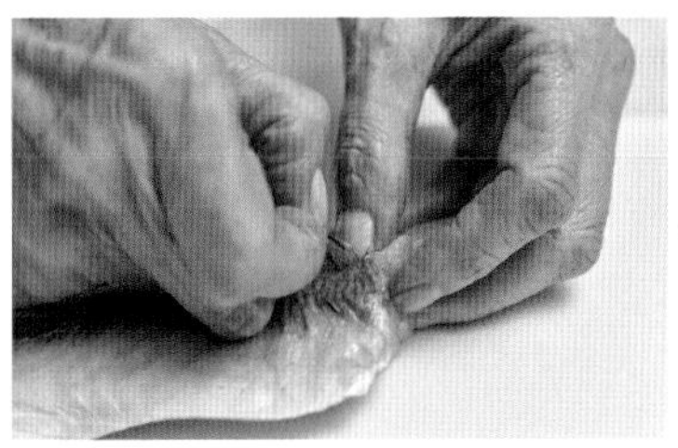

3枚おろしのあじの皮引きは、とても簡単なので覚えておくとよい

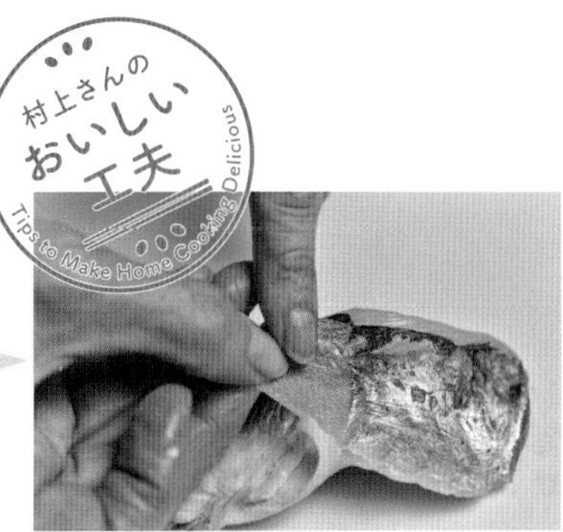


背側の皮を頭部側からつまみ、腹側から尻尾に向けてゆっくりと皮を引いていく

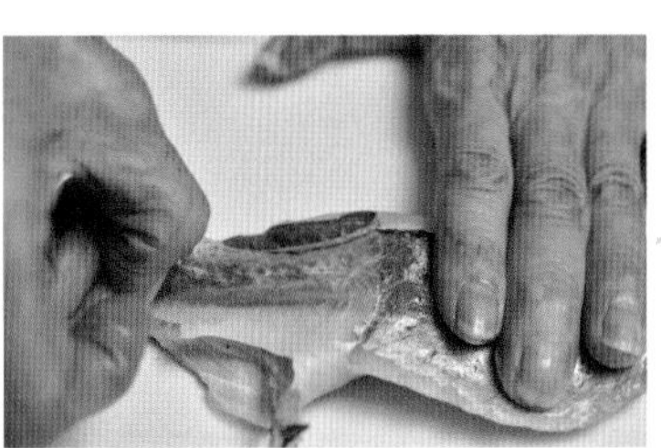

まん中まで皮が引けたら、片手で身を押さえて、残りの皮を引くときれいにできる

皮を引いたあじは皮目を上にして、5〜6mmくらいのそぎ切りにする

ゆず胡椒、またはすだち胡椒としょうゆを合わせたタレを、スプーンであじの皮目に塗る

仕上げに、いりごまと小ねぎをたっぷりと振る。タレが接着の働きをしてくれる

## ❷〈なす〉

① なすはへたに切り込みを入れ、ポリ袋に入れ、口は閉じずに耐熱容器に立てかけ、電子レンジ600Wで3分（100 gにつき2分）加熱する。

② 取り出して、袋に水を入れて冷ます。水気を切ってから、へたを落として一口サイズに切る。

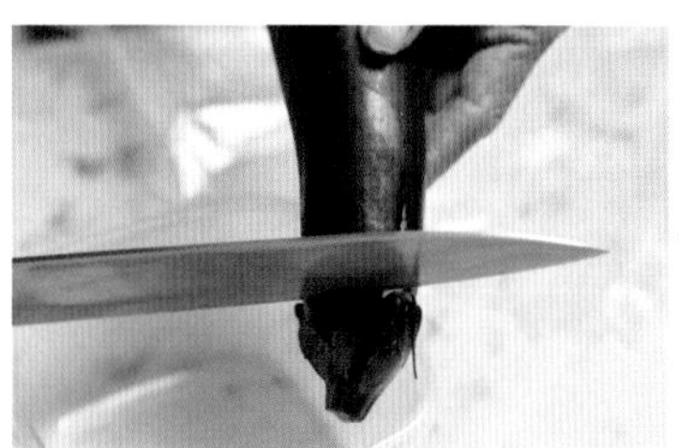

レンチンで発生する破裂防止のため、なすはへたに軽く切り込みを入れる

なすは丸ごとレンチンするほうが、皮の色がより鮮やかに仕上がる

なすがはりつかないように、耐熱容器にポリ袋に入れたなすを立てかけて入れる

レンチン後は、なすを入れたポリ袋に水を入れて、粗熱をとる

すぐに水で冷ますことで、なすは色落ちすることなく、きれいな色を保つことができる

なすは必ず水気を切って、見た目よく、一口サイズにそろえて切る

**❸〈だしポン酢〉**

① 耐熱容器に水を入れ、削り節を加え、ラップはしないで電子レンジ 600W で 50 秒加熱。取り出して茶こしでこし、**B** を加えて冷ます。

**❹〈仕上げ〉**

① 器になすの半量を盛り、青じそ 1 枚を置き、❶を盛り、いただくときにだしポン酢をかける。

※だしポン酢は、冷やしそうめんのかけつゆにすると大変おいしい。

だしポン酢は酢、砂糖、しょうゆ、レモン汁、塩、だしで作ることができる

カップに小1パックの削り節を入れ、ラップをしないで600Wの電子レンジでレンチンする

レンチンしただしを、茶こしでこす。電子レンジで簡単にだしが完成する

茶こしでこしたレンチンだしに、だしポン酢の残りの材料を加えていく

量が増えていくとともに色の変化も見られ、だしポン酢ができていく

見た目にもきれいな色に仕上がっただしポン酢は、オレンジがかっている

# さけのみそ漬け焼き

「食べたいけれど、自分ではうまくできない」という声が、生徒さんや読者の方からたくさん届きます。そんなリクエストから、骨なしさけの切り身を崩さずに焼くコツを。クッキングシートに挟んでフライパン焼く、です。

**【材料　2人分】**

さけ……2切れ（100g／切）
**A**　みそ……70g
　砂糖……大さじ1
　牛乳……大さじ1
ブロッコリー……100g
マヨネーズ……大さじ2
長ねぎ（白いところ）……10cm

野菜も添えて彩よく
やさしい味わいの
みそ漬け焼きは、
白いご飯が進む

**【作り方】**

❶ 白髪ねぎを作る。長ねぎは 2 等分し、中央に切り込みを入れて芯を除き、広げて繊維に沿ってせん切りにする。破れにくいキッチンペーパーに包んで水の中でもみ洗いし、固く絞る。

❷ ボウルに **A** を入れ、泡立て器で滑らかになるまで混ぜる。

❸ さけを❷に入れ、ゴムべらで全体にみそを絡め、落としぶた代わりにラップをじかにのせて 10 分以上おく。

みそ、砂糖、牛乳でタレを作る。牛乳は魚の臭みを取るが、水でも大丈夫

泡立て器でムラなく混ぜ合わせ、タレが滑らかになるまで混ぜる

泡だて器は小さいサイズのものを使うと便利。みそダレをクリーム状になるまで混ぜる

さけは流水で洗い流し、キッチンペーパーで水気をふき取ると、臭みが取れる

みそダレにさけの切り身を漬け込む。タレを作る器は、さけがちょうど入る大きさがよい

皮以外が見えなくなるまで、さけの切り身をみそダレにしっかりと漬け込む

❹フライパンにクッキングシートを２つ折りにして敷き、ゴムべらでみそを落としたさけを、盛り付けたとき表になるほうを裏にしてのせる。もう１切れも同様にする。

❺中火で３分ほど焼き、裏側がきつね色になったら、トングで縁のクッキングシートをさけにかぶせて挟んで裏返す。ふたをして弱火で３分焼く。

❻ブロッコリーは小房に切り、茎は皮をむいて縦４つ割りにする。色よくゆで、冷水に取り、水気を切る。

❼器にさけを盛り、❻とマヨネーズを添え、白髪ねぎを添える。

みそダレにつけ込んださけは、ラップを落としぶた代わりにしてぴったりはりつける

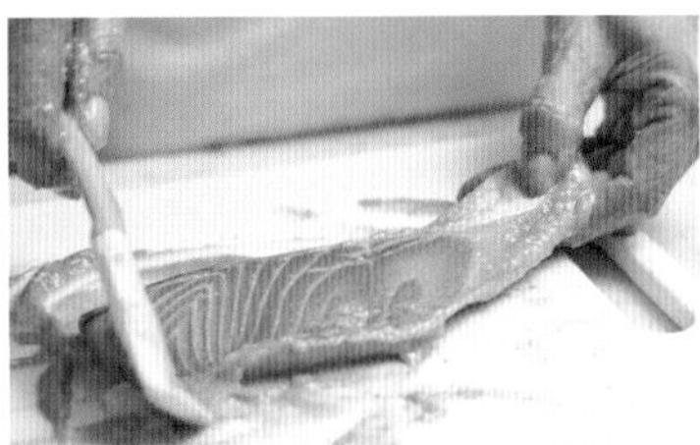

さけを焼く前に、ゴムべらでさけに付いたみそダレをこそげ落とす

シートに挟んで裏返すので骨のない切り身でも崩れず、姿、形よく焼き上がる。また、焦げつきを防ぐこともできる

# ごままぐろ

漬けだれは柚子胡椒、練りわさび、しょうがの絞り汁の辛味スパイス3種使いと、香ばしいごまの風味が決め手。まぐろのづけと同様に、酒の肴にはもちろん、炊き立てご飯にのせても、お茶漬けにしてもよしです。

**【材料　2人分】**

まぐろのさく……100g
**A**　みりん……大さじ2
　しょうゆ……大さじ2
　すりごま（白）……大さじ2
　しょうがの絞り汁……小さじ1
　練りわさび……小さじ½
　ゆず胡椒……小さじ½
いりごま（白）……小さじ1
小ねぎ（小口切り）……大さじ1

調味料を混ぜて漬けるだけ！
とっても簡単でおいしく
3通りの味わいも楽しめる、
一石三鳥の一品

**【作り方】**

❶ ボウルに **A** を入れて混ぜる。

❷ まぐろは 2.5㎝角に切り、❶に入れる。

❸ ラップをかけ、冷蔵庫で 10 分ほど寝かせ、味をなじませる。

❹ ❸を器に盛り、ごまと小ねぎを散らしてから、たれをかける。

※そのままで酒の肴に、ご飯にのせてごままぐろめし、熱いお茶をかければごままぐろ茶漬けに。

村上さんの
おいしい
工夫
Tips to Make Home Cooking Delicious

みりん、しょうゆ、すりごま、しょうがの絞り汁、練りわさび、ゆず胡椒を混ぜてタレを作る

まぐろのさくは2.5㎝の厚さに切る。包丁で手前にスーッと引くようにすると、きれいに切れる

長方形のまぐろの切り身を半分に、およそ2.5㎝角の大きさにする

切り終えたまぐろは鮮度が落ちないうちに、すぐにタレにつけ込むとよい

まぐろの切り身は、すべてタレにつけ込むようにする。つけ込む時間は10分もあれば十分

味がなじんだまぐろを器に移して、いりごまと小ねぎを上からパラパラと散らす

まぐろを取り出した後のタレは、まぐろの上からかけて、さらに味をなじませる

仕上げに好みで、いりごまと小ねぎを追加してトッピングする

白いご飯の上にのせれば海鮮丼のまぐろめし、その上から熱いお茶をかければまぐろ茶漬けになり、3通りの味わい方が楽しめる

## ごまさば

**【材料　2人分】**

イキのいいさば……100g（正味）

あとは**ごままぐろ**と同じ

**【作り方】**

❶3枚におろし、中骨、腹骨を除き、薄皮を頭のついていた方から引っ張ってはがし、幅1㎝のひき造りにする。

❷あとのプロセスは**ごままぐろ**と同じ。

村上さんのおいしい工夫 Tips to Make Home Cooking Delicious

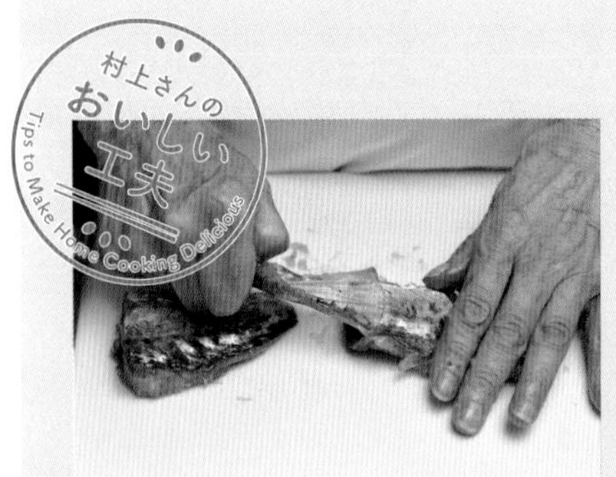

さばの皮引きは、あじと同じように手で身を押さえながら、少しずつ皮をひっぱる

幅1㎝のひき造りにしたさばの切り身を、ごままぐろと同じタレに10分つけ込む

ごまさばのメニューは、福岡や大分で覚えた。一本釣りのイキのいいさばが手に入ったときに、3枚におろしにして作る

# 第4章　本日の肉料理

おっぱいを飲んでいた赤ちゃんがスプーン1杯の果汁を少しずつ飲めるようになり、その次は「はい、うまうまよ」と、口をもぐもぐして飲み込むしぐさをして見せ、ステップバイステップで初めての誕生日を迎えます。

子どもたちの一番人気はなんといってもお肉。今でこそ、スーパーにはコロッケや豚カツ、鶏のから揚げが並んでいますが、わが家の子育て時代に売っていたのは個人商店のお肉屋さんだけ。お店の前を通るたびに、子どもたちが言います。「お肉屋さんの子どもはいいなぁ、あんなにたくさん豚カツやコロッケが食べられて……」と。

そんな彼らもローストビーフやレモンステーキ、チャーシューと、ワンランクアップを楽しむことができる、大人になりました。けれど、ひき肉料理のテキサスハンバーグは変わらず好物、という一面も残っています。

# ひき肉ピカタ

子育てと仕事で、本当に猫の手も借りたいほど忙しいときに考えた、ひき肉料理の会心作です。材料さえあれば、子どもたちだけでホットプレートで焼きながら、楽しく夕飯をすませてくれたこともありました。

**【材料　4人分】**

牛ひき肉……400g
砂糖……大さじ1
ウイスキー（または酒か水）……大さじ1
しょうゆ……大さじ2
卵……2個
サラダ油……適量
豆苗（とうみょう）……適量

イタリア語の"槍の一突き"という「piccata（ピッカータ）」が語源。付け合わせの野菜はかいわれ菜やほんれん草でもOK

## 【作り方】

❶ 少し深みのある皿に牛ひき肉を入れ、2 ～2.5㎝厚さに敷き詰める。

❷ ひき肉に指でポツポツと 10 カ所くらい穴をあけ、砂糖を振り、穴に入るように手のひらで広げる。次にウイスキーをかけて、全体に広げる。当然、穴の砂糖にもしみる。次に、しょうゆをかけて全体に広げる。

❸ 卵を溶き、❷に回しかける。

ひき肉は、肉の種類やひき方によって食感や味が異なる。牛ひき肉はうま味が強い

ひき肉は練らないで、手で押しつぶすようにして平らに敷き詰めていくだけでよい

2～2.5㎝厚さの平らに敷き詰めたひき肉に、10カ所くらいの穴をあける

敷き詰めたひき肉に砂糖を振り、穴に入るように手のひらで広げて味をなじませる

ひき肉の脂っぽさをウイスキーでシャットアウトし、しょうゆをかけて全体に広げる

溶き卵を流すとしみ込んで、ひき肉に卵の衣が自然にむらなく付くようになる

❹ホットプレートを温め、サラダ油を引き、❸を卵液ごと大さじ山盛り１ぐらいすくっておく。強火で焼き、火が通ったら裏返して同様に焼く。

❺豆苗は根を落としてさっとゆで、冷水にとって軽く絞り、２つに切る。

❻各自で焼きながら器に取り、❺を添えていただく。

ピカタ1個分の大きさは、卵液ごとすくって大さじ山盛りくらいがちょうどよい

ひき肉からも脂が出るので、ホットプレートに引くサラダ油は多くなりすぎないように注意

卵液を絡めたひき肉を大さじと同じくらいのスプーンですくって、どんどん強火で焼いていく

ホットプレートにふたをすることで密閉性が高まり、蒸気を逃さずふっくらおいしく仕上がる

卵に火が通ったらスプーンと小さなゴムべらでサッと裏返して、同じように焼いていく

衣がこんがり焼けたら食べごろ。食べたいだけ、好きなタイミングで焼く楽しさがある

# テキサスハンバーグ

31㎝角の天板いっぱいに、粒々コーンたっぷりのジャンボハンバーグ。普通のハンバーグより楽にできて、熱々をど〜んとテーブルで切り分けると、大人も楽しい。野菜をたっぷり使っているので、最高においしいのです。

**【材料　31㎝角天板1枚分】**

合いびき肉……600g
玉ねぎ……2個
パン粉……1カップ
牛乳……大さじ4
酢……大さじ2
卵……2個
塩……小さじ1と½
こしょう……少々
冷凍コーン……400g
完熟トマト……中3個（400g）
バジルの葉……ひとつかみ
にんにく……1かけ

**A**
しょうゆ……大さじ2
こしょう……少々
ごま油……大さじ1

ひらめきで名前が付いた
ジャンボハンバーグは
トマトとコーンたっぷりで
みんな大好き！

## 【作り方】

❶ 玉ねぎはみじん切りにし、電子レンジ 600W で 4 分加熱して冷まし、破れにくいキッチンペーパーに包んで水気を絞る。

❷ ボウルにパン粉と牛乳を入れて泡立て器で混ぜ、酢（※）、卵、塩、こしょう、❶の順に加え、そのつど混ぜ合わせる。

❸ ひき肉を加えて粘りが出るまで手で混ぜ、コーンを凍ったまま加えて混ぜる。

❹ 天板にサラダ油（分量外）を薄く塗って❸をのせ、手で全体に広げて平らにならす。

※酢はひき肉のたんぱく質を分解し、アミノ酸を出しておいしくしてもらうため。

玉ねぎはみじん切りしてレンチンし、しっかり水気を切って下準備をしておくとよい

大きいボウルにパン粉と牛乳を入れて、泡立て器でしっかり混ぜ合わせる

ボウルに酢、卵を加えて、同じように泡立て器で混ぜ合わせる

卵が混ざったら、塩、こしょう、玉ねぎの順に加えて、しっかり混ぜ合わせる

玉ねぎが混ざったら、ひき肉を加えて粘りが出るまで、手で混ぜ合わせる

冷凍コーンを加えると手は冷たくなるが、ひき肉の温度が下がり、プリプリの弾力が出る

❺ 250℃に温めたオーブンで 20 ～25 分焼く。中央をターナーなどで軽く押さえてみて、透明な汁が出るようなら中まで焼けた証拠。

❻ トマトは皮ごと 1.5㎝角に切り、バジルは粗く刻み、にんにくは横に薄切りにする。トマト、バジル、にんにくを合わせたところに**A**を加えて混ぜ合わせる。❺の表面いっぱいに広げ、さらに 10 分ほど焼く。

オーブンの天板に薄くサラダ油を塗って、混ぜ合わせたハンバーグのタネを敷く

ハンバーグのタネは全体が平らになるように、折り曲げた手指でならして敷き詰めていく

天板に平らに敷き詰めたハンバーグのタネ。この大きさでも、あっという間になくなる

焼き上がりのサインは、まん中をターナーなどで押さえてみて透明な汁が出るとき

焼き上がったタネに、完熟トマト、バジルの葉、薄切りにんにくをのせる

さらにオーブンで10分ほど焼くと、ビッグサイズのテキサスハンバーグの出来上がり

# 牛肉のトマトすき焼き

2016年、韓国の梨花(イファ)女子大学食物学専攻の第三学年の学生さんが夏休みの間、私が勤務する福岡女子大学に短期留学でみえました。「日本の食・だしの文化」の講義の後、昼食代わりに実習したメニューです。

**【材料　1人分】**

牛もも肉（しゃぶしゃぶ用の薄切り）……100g
トマト……1個（100g）
ごぼう……⅕本（30g）
長ねぎ……½本（50g）
サラダ油……小さじ1
砂糖……大さじ1
水……½カップ
しょうゆ……大さじ1

テレビ東京系「ソロモン流」で全国に届いたメニュー。
和牛のうま味とトマトの酸味がマリアージュ！

**【作り方】**

❶ トマトはヘタを取って幅 1cmの輪切り。ごぼうはピーラーでささがきにし、水でさっと洗って水切りする(※)。市販の細切りごぼうでもよい。長ねぎは斜め薄切りにする。

❷ 鉄鍋やフライパンを温め、サラダ油を引き、牛肉を並べ、砂糖をかけて両面焼き付け、片側に寄せる。

❸ しょうゆを加えてから、ごぼうを加え、水を注ぐ。

❹ 中火で２～３分煮てトマト、長ねぎを加え、煮えるはしからいただく。好みで溶き卵を付けてもよい。

※血管内の中性脂肪排出に働く、ごぼうに含まれるファイトケミカル・クロロゲン酸を残すため。

ひとり用の鍋を温めてサラダ油を引いてから、しゃぶしゃぶ用の牛もも肉を入れる

肉を入れたタイミングで砂糖を加えて、肉が焦げないように注意しながら焼く

しょうゆを加えて肉全体に味を絡ませ、箸ですばやく両面を焼いていく

焼きすぎに注意しながら肉の両面に火が通ったら、鍋の片側に寄せる

ピーラーで薄切りにしたごぼうは水でさっと洗って水切りをして、鍋に加える

ごぼうに火が軽く通ったら、ここで水½カップを加える

村上さんのおいしい工夫
Tips to Make Home Cooking Delicious

中火で2〜3分、牛肉とごぼうを煮る。肉とごぼうは鍋の中で分けておく

ヘタを取ったトマトを輪切りにして、鍋に加える。ごぼうの上にトマトを置く

斜めに薄切りにした長ねぎを加える。くたっとしたほうが好みの方は、ごぼうの次に入れる

最後に、ご飯を茶わん1杯分（150g）加えて汁を吸わせ、焼き飯風にもできる

# パンチェッタ（塩豚）

ヘンリー・フォンダ主演の映画『怒りの葡萄（ぶどう）』を観て、作り始めました。塩、砂糖、こしょうを混ぜ、塊の豚バラ肉にまぶし、ペットボトル（2ℓ容量）を重石代わりにのせて一晩冷蔵。これでムラカミパンチェッタの完成。

**【材料　出来上がり450g】**

豚バラ肉（塊）……500g

**A** 塩……50g

砂糖……10g

こしょう……小さじ¼

ローリエ……1枚

パンチェッタはイタリア語で「豚バラ肉（pancetta）」のこと。塩漬けした豚のバラ肉を熟成させ、保存食にもなる

**【作り方】**

❶ 豚バラ肉の塊は、キッチンペーパーに挟んで水気を取る。

❷ **A** を合わせ、豚肉全体にまぶす。ポリ袋に入れ、ローリエをのせ、空気を抜いて口を閉じる。

❸ バットにのせ、2ℓ容量の水のペットボトルを重石代わりにのせ、一晩冷蔵する。

❹ 翌日取り出して、豚肉から出た水分を除き、キッチンペーパーに挟んで水気を取る。

❺ 肉は縦長に 2 つに切り、それぞれを 2 と ½ になるようにカットする。

※ジッパー袋に入れて冷蔵すると、1カ月保存できる。

肉のうま味が凝縮され、保存がきくパンチェッタは豚バラ肉を使って作る

塩、砂糖、こしょうを合わせておく。風味づけのために、好みのスパイスを加えてもよい

肉の表面全体をフォークで刺し、脂身のないほうから塩、砂糖、こしょうをもみ込む

脂身の上からも同じように、肉に密着させるように手で軽く押さえながらもみ込む

ポリ袋に豚肉を入れて、塩、砂糖、こしょうの残りを全部使って肉にもみ込む

香りづけのため、乾燥したローリエの葉を1枚、脂身のない面に置く

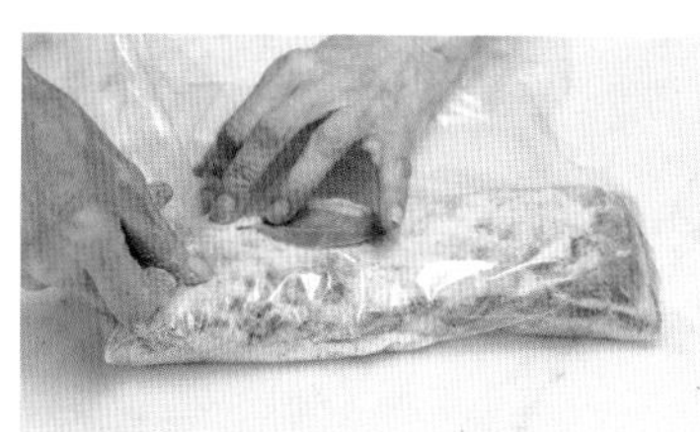

肉を入れたポリ袋から空気を押し出すようにして、密封状態にする

ポリ袋から空気を押し出し、完全な密封状態にしてポリ袋の口を閉じる

密封状態にしたポリ袋の豚肉をバットにのせる。脂身を下にして、バットにのせる

水を入れた2ℓ容量のペットボトルを重石代わりに上にのせて、一晩、冷蔵庫で寝かせる

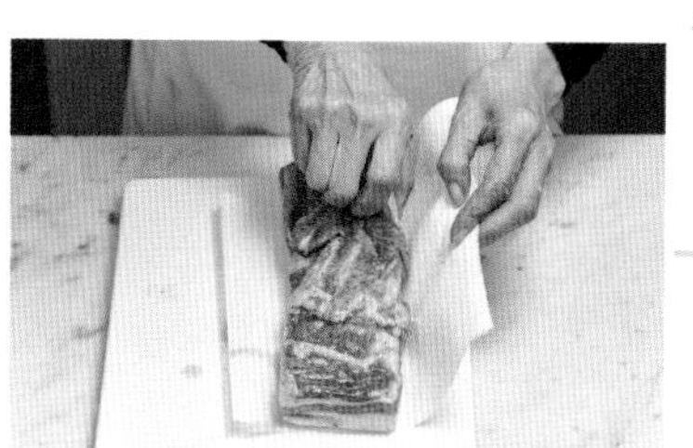

冷蔵庫から取り出した豚肉からドリップがしみ出しているので、キッチンペーパーでふき取る

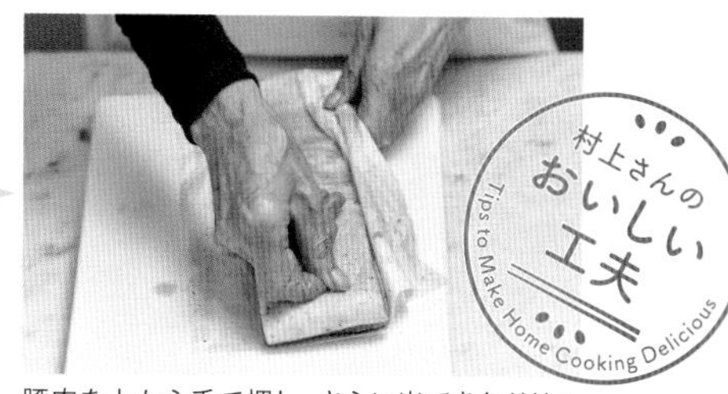


豚肉を上から手で押し、さらに出てきたドリップをキッチンペーパーでしっかりふき取る

脂身部分を上にして、豚肉を左右均等になるように縦長に2つに切る

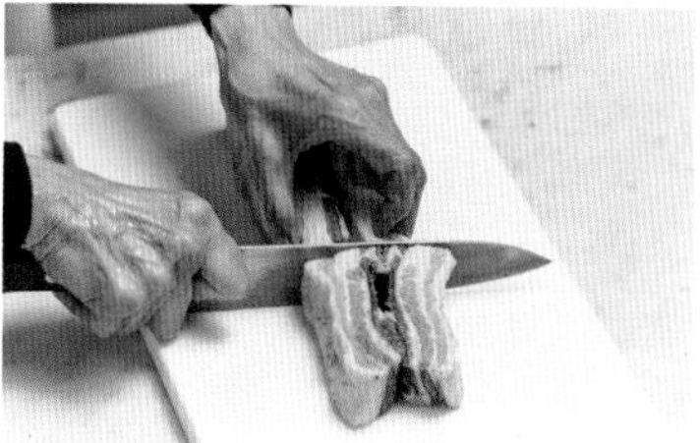

2つに切った豚肉を倒して、長さを半分に切る。使わないパンチェッタは冷蔵保管する

# パンチェッタ・アラビアータ

パンチェッタの脂の塩気と赤唐辛子の辛味が効いた、アラビアータソース。少し家庭的になりますが、セロリも加えて作ります。ソースが絡みやすいように、ショートパスタを使うといいですよ。

**【材料　2人分】**

パンチェッタ……90g
セロリ……50g
オリーブ油……大さじ1
水……大さじ4
**A**　トマトケチャップ……大さじ5
　赤唐辛子（輪切り）……4〜5個
ショートパスタ（フジッリ・乾燥）……80g
バジルの葉……適量

別名"怒りん坊のパスタ"
"アラビアータ"は、
自家製パンチェッタと
ソースが絡むショートパスタで

## 【作り方】

❶ ショートパスタは、表示時間に合わせてゆでる。

❷ パンチェッタは 2 等分し、それぞれの脂身の中央に包丁を入れ、1 枚に開く。焼き縮み防止に、切り目に直角に切り込みを入れ、肉たたきでたたいて薄くのばす。

❸ セロリは小口切りにする。

❹ フライパンにオリーブ油を熱し、❷を入れて弱火で両面じっくりときつね色に焼き、肉を端に寄せて、にじみ出た脂をふき取る。

❺ ❸と水を加え、ふたをして中火で 4 分加熱し、**A** を加え、パンチェッタを戻して煮詰め、❶を加えて混ぜ、器に盛り、バジルの葉をちぎって散らす。

90gのパンチェッタを半分にカットし、脂身の中央に包丁を入れて1枚に開く

焼いたときに肉が縮むことを防止するため、切り目に直角に切り込みを入れる

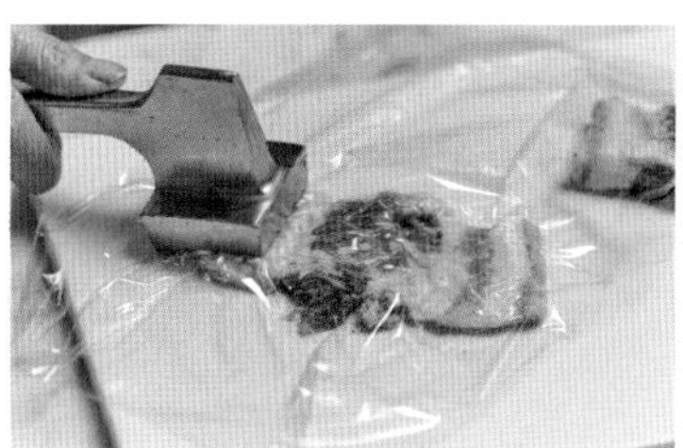

柔らかくおいしく仕上げるため、ラップの上から肉たたきで薄くのばす。なければ瓶底でOK

オリーブ油を熱したフライパンに薄くのばしたパンチェッタを入れて、弱火で焼く

IHヒーターでは脂はねを防ぐため、新聞紙などをふた代わりにかぶせるとよい

パンチェッタの焼き上がりのタイミングは、きつね色になったとき。余分な油はふき取る

村上さんの
おいしい
工夫
Tips to Make Home Cooking Delicious

余分な油をふき取ったフライパンに、新しいオリーブ油を引き、水を加える

パンチェッタを入れたまま、中火でフライパンがふつふつするまで少し待つ

煮詰まってきたら、小口切りにしたセロリを加える

時間に合わせてゆでたショートパスタ（乾燥のフジッリ）を加える

ケチャップ、輪切りの赤唐辛子を加え、ふたをして4分加熱する

仕上げにバジルの葉を手でちぎって散らす。フレッシュバジルを効かせると爽やか

# 塩豚と野菜のソテー

「パンチェッタがあれば、いつもの野菜炒めもこんなに優雅な味に仕上がるの?」と、うなってしまうほどの一品。白飯の上に塩豚と野菜のソテーをご飯が見えないくらいにびっちりのせると、冷めてもおいしいお弁当に。

**【材料　2人分】**

パンチェッタ……90g
にんにく……1かけ
パプリカ(赤)……½個(75g)
エリンギ……1本
ズッキーニ……1本(200g)
オリーブ油……小さじ2
塩、こしょう……各適量
ローズマリー……適量

ソテーはフランス語で「飛び跳ねる(sauté)」こと。季節の野菜とパンチェッタで組み合わせ自由な一品

## 【作り方】

❶パンチェッタは5㎜幅の拍子木切り、にんにくは薄切りにする

❷パプリカは4つに切る。エリンギの軸は幅1㎝の輪切りに、かさは幅2㎝に切る。ズッキーニも幅1㎝の輪切りにする。

❸フライパンにオリーブ油と❶を入れて火にかけ、弱火で3～4分、きつね色になって脂が十分に出て縮むまで焼く。❷のズッキーニ、エリンギ、パプリカの順に加え、中火で2分焼き、それぞれを裏返して焼く。

❹塩とこしょうをふって、味を整える。

❺器に盛り、ローズマリーの葉を指で摘み取って散らし、いい香りを添える。

90gのパンチェッタは、5㎜幅の四角柱に切る拍子切りにする

1かけのにんにくはまん中の芯を取り除き、横にして2mmほどの薄切りにする

エリンギは、軸は幅1㎝の輪切り、かさは幅2㎝に切る

ズッキーニは幅1㎝の輪切り、パプリカは4つに切って、中のタネを取る

パンチェッタとニンニクは同時に弱火で3～4分、パンチェッタがきつね色になるまで焼く

パンチェッタとニンニクを片側に寄せて、輪切りのズッキーニを加える

まん中のあいたスペースにエリンギを入れて、パプリカも加える

中火で2分、ズッキーニ、エリンギ、パプリカは裏返して両面を焼く

焼き上がりに近づいたら全体に軽く塩を振って、味を整える

さらに、こしょうも振る。パンチェッタの塩気があるので、塩、こしょうの入れすぎに注意

村上さんの
おいしい
工夫
Tips to Make Home Cooking Delicious

焼き上がりのタイミングは、ズッキーニに焼き色が付いたころ。仕上げの香りづけは、ローズマリーの葉を器に盛ってから散らす

# レモンステーキ・ア・ラ・ミニュート

しゃぶしゃぶ用の牛もものスライス肉１００ｇを購入。保冷剤を使わなければ、わが家に着く頃には常温に戻っています。レモン汁とおろしにんにくを効かせたタレをフライパンで煮立て、さっと肉を加熱すれば出来上がり。

**【材料　1人分】**

牛もも肉（しゃぶしゃぶ用の薄切り）……100g

**A**　しょうゆ……大さじ1
　酒……大さじ1
　砂糖……大さじ1
　レモンの絞り汁……大さじ1
　にんにくのすりおろし＊……1かけ分

温かいご飯……80g
小ねぎ（小口切り）……適量
こしょう……少々

＊またはチューブのおろしにんにく小さじ½

アメリカ海軍の影響で、日本人の口に合うようにアレンジして生まれた佐世保発祥のグルメ

**【作り方】**

❶ 牛もも肉の薄切りは冷蔵庫から出して、30 分ほどおいて室温に戻す。

❷ 皿に温かいご飯を盛って、小ねぎを散らす。

❸ フライパンを温め、**A**を加えて強火にし、ワァーッと沸いてきたら牛肉を1枚ずつ両手で広げて入れ、裏返さずにすぐ❷を皿にのせる。残りの肉も同様にする。

❹ フライパンに残ったソースを肉の上からかけ、こしょうを振る。

❺ 肉を食べ終えたら、皿に残ったソースで温かいご飯を加えていただく。

冷蔵庫から出して、30分ほどおいて室温に戻した牛肉を使うこと

しょうゆ、酒、砂糖、レモンの絞り汁、にんにくのすりおろしで、ソースを作る

ソースの材料を加えたら強火にし、ワァーッと沸いてきたときが肉を入れるタイミング

牛肉を1枚ずつ両手で広げて、フライパンのソースの中に入れて焼く

牛もも肉はしゃぶしゃぶ用の薄切り肉なので、裏返さずに片面だけ加熱する

牛肉はご飯を盛った皿にサッと取り、フライパンに残ったソースを牛肉の上からかける

# 肉豆腐

濃口しょうゆ、たまりじょうゆ、再仕込みしょうゆを混ぜて製造される刺し身じょうゆを使った肉豆腐。料理教室で取り上げると、「主人と息子に『これからはこのレシピで作ってね!』とお願いされました」とラインあり。

**【材料　4人分】**

牛肩ロース肉(薄切り)……100g
木綿豆腐……300g
糸こんにゃく(しらたき)……100g
サラダ油……大さじ1
**A**　しょうゆ……大さじ1
　刺し身じょうゆ＊……大さじ1
　砂糖……大さじ1
　酒……大さじ1
　水……大さじ3
小ねぎ(小口切り)……大さじ1
しょうが(みじん切り)……大さじ1

牛肉と糸こんにゃく、
木綿豆腐だけの肉豆腐に
みじん切りの
しょうがをトッピング

**【作り方】**

❶ 牛肉は幅 4 〜 5cmに切る。糸こんにゃくは 4 〜 5cm長さのざく切りにする。

❷ 直径 28cmのフライパンにサラダ油を流し、牛肉を加えて強火で炒め、火を通すと同時にバラバラにほぐす。肉を片側に寄せて、糸こんにゃくを加えて強火で炒め、水分が蒸発し、音が静かになったら **A** を加えて調味する。

❸ 別の鍋に❸の煮汁を移し、豆腐は幅 1.5cmに切って加え、煮汁をかけながら強火で 3 分ほど煮て火を止める。

❹ 皿に豆腐を盛り、牛肉と糸こんにゃくをのせ、煮汁をかけ、小ねぎとしょうがを振る。

※刺し身じょうゆ

濃口しょうゆとたまりじょうゆ、再仕込みしょうゆを混ぜて作る。濃度が高く、甘みがあり、九州では刺し身用に使う家庭や飲食店も多い。刺し身じょうゆ大さじ 1 ＝濃口しょうゆ大さじ 1 ＋砂糖小さじ ½ で、代用もできる。

しゃぶしゃぶ用の薄切りの牛肩ロース肉は、幅4〜5cmに切る

フライパンにサラダ油を引いて、強火で幅4〜5cmに切った牛肉を炒める

箸でバラバラにほぐしながら、牛肉を手早く炒めて火を通す

牛肉を片側に寄せて、あいたスペースに糸こんにゃくを加えて強火で炒め、水分を蒸発させる

村上さんのおいしい工夫
Tips to Make Home Cooking Delicious

糸こんにゃくの水分が蒸発し、音がしなくなったら刺し身じょうゆを使った煮汁を加える

水分が少なくてくずれにくい木綿豆腐を縦半分にカットし、それぞれ薄く切る

切った木綿豆腐は鍋の端っこ、牛肉の反対側に入れる

木綿豆腐を斜めに倒すと、煮汁につかる部分が多くなって味がしみ込みやすくなる

村上さんのおいしい工夫
Tips to Make Home Cooking Delicious

強火で3分ほど煮る。途中、煮汁を上からかけながら、豆腐、糸こんにゃくに味をしみ込ませる

# 第5章　本日の煮物

私たち日本人は、昔から野に山に山菜を摘みに出かけ、山で山芋を掘り、川辺でせりを取り、沼田でれんこんを抜き、畑では菜っ葉を育ててきました。それを、いりこ（煮干し）をだし代わりに加えて煮たり、ときには少量の肉と合わせたりして、料理してきました。

料理教室の生徒さんの言葉です。「同居している父が言います。亡くなったお母さんが作っていた、なすのみそ煮が食べたいと……。作り方を教えてください」。日本の煮物は、和食の定番料理です。食材や味付けを変えるだけでバリエーションが広がり、主菜、副菜ともなる、優れもののレシピといえるでしょう。

将来、「村上食堂®」を開いたときに出したいと考えている煮物を、ぜ～んぶ集めて本書の表紙にしました。この通り作れば、あなたも今日から煮物名人！

# 里芋の鶏そぼろ煮

煮ている間、里芋からぬめりが次々と浮いてきても、煮汁がたっぷりある間は取らずに、落としぶただけで煮ていき、煮汁が⅓量になったらぬめりを取り、火を止めます。あら、不思議！　煮汁は⅕になっていました。

【材料　4人分】

里芋（皮付き）……1kg
サラダ油……大さじ1
鶏ムネひき肉……100g
水……2カップ
A 塩……小さじ½
　薄口しょうゆ……大さじ1
　砂糖……大さじ2
　酒……大さじ2
ゆずの皮（細切り）……少々

ほくほく食感が人気の里芋と
鶏そぼろを使った煮込みメニュー。
爽やかでスッキリとした
香りのゆず皮をトッピング

## 【作り方】

❶ 皮付きの里芋はたっぷりの水に浸し、泥を落とす。1 個ずつ洗ってざるへ上げ、1 時間ほど乾燥させる。上下を 5㎜ほど切り落とし、そこを左手の親指と人指し指で持って縦に皮をむく。大きい場合は 2 つに切る。

❷ 鍋にサラダ油と鶏ひき肉を入れて火にかけ、鍋を傾けて油のたまったところでひき肉を炒める。肉の色が変わったら鍋を平らにし、肉の水分が飛んでパラパラになるまで炒りつける。これで、鶏肉特有の臭みが取れる。

里芋で手がかゆくなるのを防ぐために、まず、皮付きの里芋をたっぷりの水に浸す

水に浸した里芋を1個ずつ洗ってざるへ上げ、1時間ほど乾燥させる

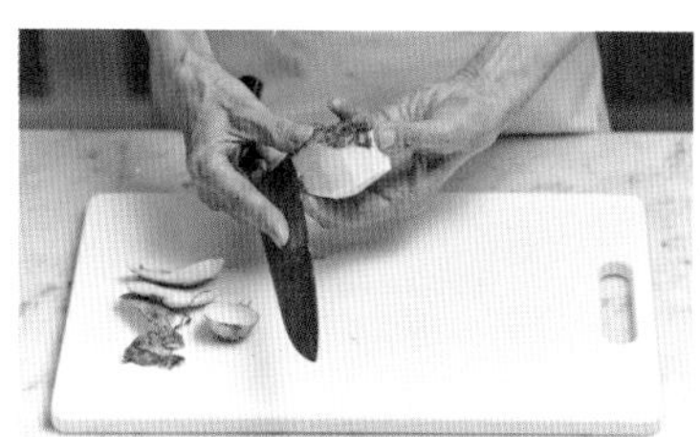

里芋の上下はできるだけ垂直に5㎜ほど切り落としてから、皮をむくとよい

サラダ油は鍋のまん中ではなく、片側に入れるようにする

鍋の片側に入れたサラダ油の上に鶏ひき肉を入れてから、火にかけて鍋を温める

鍋を傾けてサラダ油のたまっているところで、鶏ひき肉を泡立て器で炒める

❸❷に❶を加え、水を注ぐ。**A** を加えて強火にし、ふたをのせる。煮立ってきたらふたを取り、中火強（煮汁がふつふつと煮えている状態）の火加減で、落としぶた代わりに破けにくいキッチンペーパーをかぶせ、12 〜 14 分煮る。煮汁が ⅓ 量になったら、表面のキッチンペーパーを外し、表面のアクを除き、火を止める。

❹ 30 分ほどおいて味を落ち着かせてから、器に盛り、細切りのゆずの皮をのせる。

泡立て器で素早く炒めていくと、鶏ひき肉から水分が抜けてパラパラになり、臭みも取れる

鶏ひき肉がパラパラになったら鍋の底全体を大きく使って肉を炒める。少し焦げ付いてもOK

鶏ひき肉を炒めすぎないタイミングで、里芋と水を鍋に加える

塩、薄口しょうゆ、砂糖、酒をいっきに加えて、強火で煮込んでいく

強火で煮込んでいくと、アクが出てくる。泡が集まっているところがアクである

水を入れたボウルを用意して、おたまでアクをすくう

アクをすくい、ふつふつした状態で煮汁が⅓になったら表面のアクを取り、火を止める

ゆずの皮は、丸みに沿って果肉の手前まで白い部分をそぐようにむく

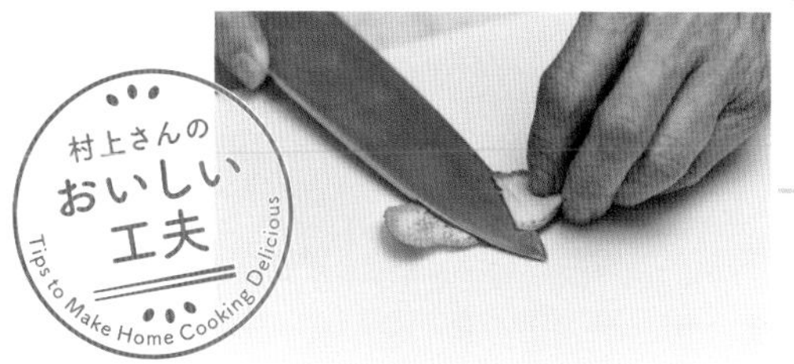


切った面を上に置き、包丁を寝かせて苦みがある白いワタをそぐように取り除くとよい

ゆずの皮を端をそろえて、1〜2mm幅の細切りにする

トッピングとしてゆずの皮をのせる。きれいな色で、料理に彩りをそえる。ゆずの香りと味わいで、おいしさが引き立つ

# 切り干し大根煮

「切り干し大根を洗うときは少量の水で手早くやるのですよ。切り干しの持つおいしい甘みが逃げてしまいますからね」とは、実家にいた年配のお手伝いさんから習った知恵です。ここでは、圧力鍋で煮て仕上げます。

**【材料　4人分】**

切り干し大根……50g
ちりめんじゃこ……大さじ4（16g）
にんじん……中1本（150g）
**A** 酒……大さじ1
みりん……大さじ1
しょうゆ……大さじ1
塩……小さじ¼
水……2カップ

乾燥させて、カルシウムや鉄分の
栄養価をアップさせた
切り干し大根とちりめんじゃこ。
うま味や香りも乾物の魅力

**【作り方】**

❶ 切り干し大根は、ボウルに張った水の中で手早くほぐしながらもみ洗いして固く絞る。縦横3～4㎝角に切って、ほぐしたら固く絞る。

❷ にんじんは縦4等分に切り、幅2㎝に切る。

❸ 圧力鍋に切り干し大根をほぐして広げ、❷を入れる。

❹ 水を注ぎ、ちりめんじゃこと **A** を加え、ふたをかぶせ、強火にかける。

❺ 蒸気が上がったら弱火で1分煮て火を止め、圧が下がったらふたをとる。

※普通の鍋の場合は、水を5カップに増やし、沸騰したら中火弱の火加減で1時間ほど煮る。

切り干し大根は保存している間に少しずつ酸化し、えぐみやくさみが出るので必ず洗うこと

大きなボウルに入れた水の中で、切り干し大根を手早くほぐしながらさっと洗う

甘みが逃げないようにさっともみ洗いをしたら、ギュッと固く絞る

固く絞った切り干し大根を、縦横4～5㎝角に切り込みを入れるように切る

切った切り干し大根を、再びギュッと固く絞る。絞り汁は捨てないで、鍋の上で絞ること

絞り汁の入った圧力鍋に切り干し大根を入れて、手でほぐして広げる

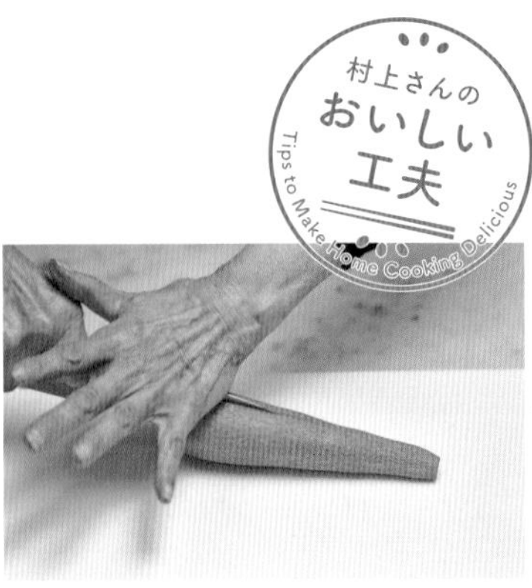


にんじんは太いところに手を当てて、十文字に切り込みを入れて縦4等分にする

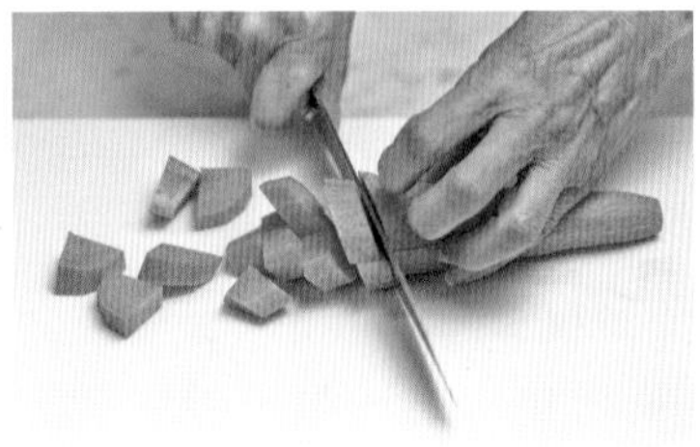

縦4等分にしたにんじんは、幅2cmになるように切っていく

切ったにんじんを切り干し大根を入れた圧力鍋に入れて、水を加える

ちりめんじゃこは洗わずに、そのまま鍋に加える。ちりめんじゃこが、だしの働きをする

酒、みりん、しょうゆ、塩、これらの調味料を鍋に加える

調味料まで入れたら圧力鍋のふたをして、強火で煮る

蒸気が上がったら、弱火にしてさらに1分加熱する。圧が下がったらふたを取り、完成

# なすのみそ煮

なすは切る端からどんどん鍋に入れます。なすの色が変わるのはアクではなく、なすのポリフェノールが反応を起こしているだけ。切ったら水に浸したりしないで、さっさと鍋に入れ、なすの褐変酵素の働きを抑えます。

**【材料　4人分】**
なす＊……1kg
豚ひき肉……200g
しょうが（みじん切り）……1かけ
みそ……60g
砂糖……大さじ2
サラダ油……大さじ1
水……2カップ
＊関東なすなら14個、九州の長なすなら7個

こっくりとしたみそと
しょうがの風味が、
くったりするまで火を通した
なすにしみておいしい！

**【作り方】**

❶ なすはへたと先端を切り、幅 3cmに切る。

❷ 鍋にサラダ油を入れ、豚ひき肉としょうがを加えて火にかける。泡立て器で混ぜながら、ひき肉が白くなり、次にカリカリになるまで炒め、❶を加え、水を注ぎ、底に張り付いているひき肉を泡立て器ではがす。みそを箸でちぎってところどころに置き、砂糖を加える。

❸ 煮立ったら、破れにくいキッチンペーパーをかぶせ、ふたをする。これがないと家庭の火力では、いつまでも煮立ってこない。沸騰してきたらふたを取り、なすが柔らかくなり、煮汁が ¼ になるまで、中火強の火加減で 15 分煮る。

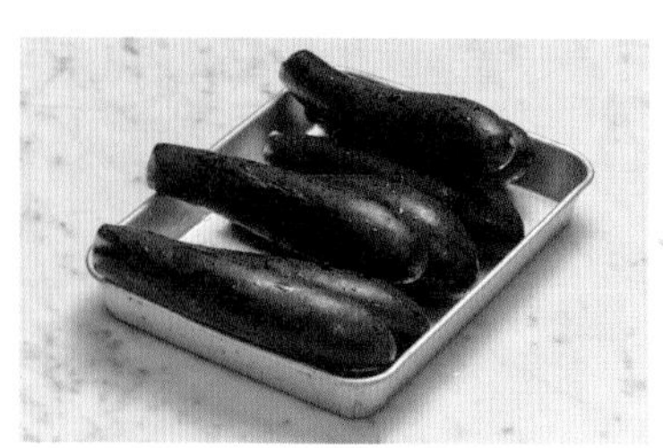

ヘタと先端を切ったなすを洗って、バットに並べる。皮に光沢とハリがあるなすを選ぶこと

なすは幅3cmに切るが、最初だけ定規で長さを測り、正確に切るとよい

切ったなすは切り口を上に向けて、まな板の上に置いていくと幅がわかりやすい

サラダ油を入れた鍋に、まず、鶏ひき肉を入れて炒める

鶏ひき肉は泡立て器で手早くほぐしながら炒めて水分を飛ばして、臭みを取る

十分に時間をかけて鶏ひき肉を炒め、臭みを完全に取る。鍋底は少し焦げ付くが問題なし

❹ 火を止め、鍋に入れたまま冷ます。冷めるにしたがい、なすがうま味を吸い、皮も紫紺色にもどる。

鶏ひき肉がパラパラ状態になったら、みじん切りのしょうがを加える

しょうがと鶏ひき肉がよく絡むように、泡立て器で手早くかき混ぜる

鶏ひき肉としょうがが均一に混ざったら、切ったなすをどんどん鍋に加えていく

なすは鍋いっぱいになるが、水分が90％以上なので、見た目の量が多くても大丈夫

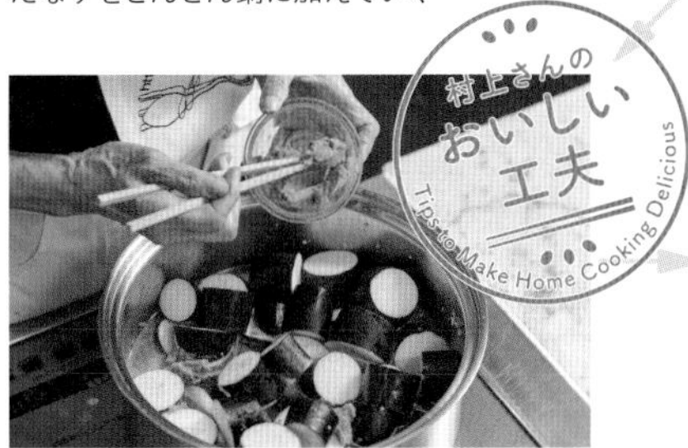


なすと水を入れたら箸でみそをちぎって、1カ所に片寄らないように点在させて置く

みそは置くだけで、溶かなくてもよい。みそを入れたら砂糖も加える

中火強で煮汁が¼になるまで煮て、鍋に入れたまま冷ます。冷めてから器に盛る

# 肉なし肉じゃがと牛肉の当座煮

かつては、肉じゃができると牛肉は別容器に取り、夫と子ども3人のお弁当用にピンハネ。煮たじゃがいもを庭の飼い犬にもっていった息子が「ニオイはするけど、お肉は見えないね！」と……息子が付けた名前です。

**【材料　4人分】**

じゃがいも……4個（600g）
牛ロース肉（薄切り）……200g
玉ねぎ……1個
しょうが（せん切り）……½かけ
砂糖……50g
しょうゆ……大さじ4
水……2カップ
トッピング用のしょうが（4cm長さのせん切り）……1かけ

肉とじゃがいもを別々に作り、
最後に一緒にするのが
ムラカミ流アレンジの
トッピングは針しょうがを

**【作り方】**

❶ じゃがいもは皮をむき、1個を3～4つに切り、水に1～2分さらして、ざるへ上げる。

❷ 牛肉は2cm幅に切り、玉ねぎは1cm幅のくし形切り、しょうがはせん切りにする。

❸ 鍋に（油は引かない）牛肉としょうがを入れ、ふたをして強火にかける。

❹ ジリジリと肉の焼ける音と香ばしいにおいがし始めたらふたを取り、砂糖をかけて肉をほぐし、上下を返す。

でんぷん質の割合が少ないメークインは煮崩れしにくく、表面がツルツルで皮もむきやすい

皮をむいたじゃがいもは、大きさにもよるがまず、縦半分に切るとよい

縦半分に切ったじゃがいもを、切った面を下にして半分に切る

切ったじゃがいもは水に1～2分さらし、余分なでんぷんを取り除いてから、ざるへ上げる

2cm幅に切った牛肉を鍋に入れる。牛肉から脂が出るので、鍋に油は引かない

せん切りにしたしょうがも加えて、ふたをして強火にかける

❺肉に火が通ったら、しょうゆを加えてざっと混ぜ、いったん取り出す。

❻肉を焼いた鍋にじゃがいも、水、玉ねぎを入れ、ふたをする。強火で煮て、煮立ったらふたを取り、浮いてくるアクをていねいにすくって取り除く。ふつふつ煮立つ程度の中火弱に絞り、10 〜 12 分煮る。

❼じゃがいもに竹串を刺してスーッと通るようだったら、強火にして煮詰め、❺の牛肉を戻し、火を止める。

❽器に盛り、針しょうがを添える。

牛肉の焼ける香ばしいにおいがしはじめたら、ふたを取って砂糖を加える

牛肉に砂糖を混ぜながら、ひっくり返して肉が焦げないようにサッと絡める

牛肉に火が通ったらしょうゆを加えて、ざっと混ぜる

しょうが、砂糖、しょうゆで味付けした、牛肉だけを皿に取り出す

牛肉を取り出した後には、牛肉から出たうま味成分たっぷりの煮汁が残る

牛肉を取り出した鍋に、ざるに上げて水切りをしたじゃがいもを入れる

じゃがいもを加えたら、水を入れる。調味料は、もう加えないでよい

1cm幅のくし形に切った玉ねぎを鍋に加え、ふたをして強火で煮る

煮立つ前に、ときどきふたを取って、おたまでアクをすくう

すくい取ったアクが再び戻ることを防ぐため、水を張ったボウルにおたまをつけて落とす

じゃがいもに竹串がスーッと通れば強火にして煮詰め、取り出した牛肉を戻して火を止める。器に盛って、針しょうがをトッピングする

# キャベツ丸ごと1個使いのロールキャベツ

キャベツは芯をくり抜いてポリ袋に入れ、電子レンジにかけます。1枚ずつはがして、15枚を確保。残りの葉はロールキャベツの間に詰めて煮ます。これで煮崩れ防止、プロセスカットをよ～く見てやってくださいね。

**【材料　幅5㎝×長さ10㎝のもの15個分】**

キャベツ……1個（1.5kg）

**A**
豚ひき肉（赤身）……500g
玉ねぎ（みじん切り）……1個（200g）
卵……1個
パン粉……1カップ
塩……小さじ1
こしょう……小さじ¼

ローリエ……1枚
パセリの茎……3本

**B**
トマトケチャップ……1カップ
コンソメ（顆粒）……小さじ1
パプリカ……大さじ1
カイエンペッパー＊……小さじ¼
塩……小さじ2
こしょう……小さじ¼

水（煮込み用）……7～8カップ
片栗粉……大さじ1
水（水溶き片栗粉用）……大さじ3
パセリ（みじん切り）……少々

＊または一味唐辛子

キャベツがふやけてしまうので、
レンチンキャベツは半ゆで状態にすること。
トッピングにパセリを散らす

## 【作り方】

❶ キャベツ１個は芯を上にしてまな板に置く。芯の中心にペティナイフで３cm深さに十文字の切り込みを入れる。

❷ いったんペティナイフを抜き、芯の周りにぐるりと切り込みを入れて、円錐状にする。再びペティナイフを抜いて、三角錐になった芯をナイフの先で起こして外す。残り３個の芯も同様にする。

❸ 幅28cm×長さ36cmのポリ袋またはレジ袋に❷を入れ、口は閉めないで耐熱皿にのせ、電子レンジ600Wで15分加熱（100ｇにつき１分。ここでは後で煮込むため、半加熱にとどめる）。

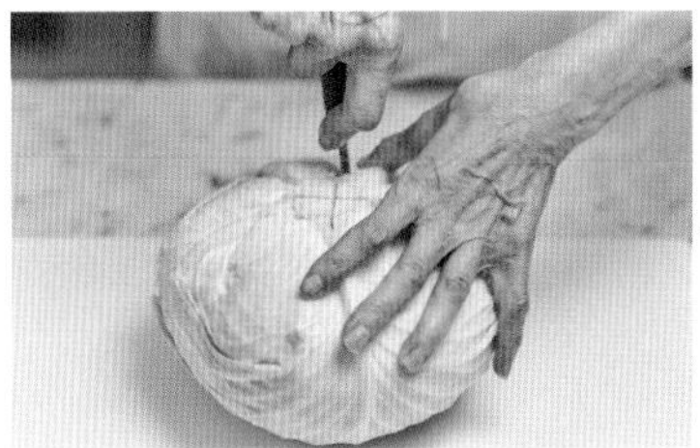

キャベツの芯を残したままにしておくと葉の養分が抜け続けるので、最初に芯を抜く

芯の中心にペティナイフで十文字に切り込みを入れ、芯の周りにぐるりと切り込みを入れる

ナイフの先で三角錐になった芯を起こして、１個ずつ外して、全部で4個の芯を取り除く

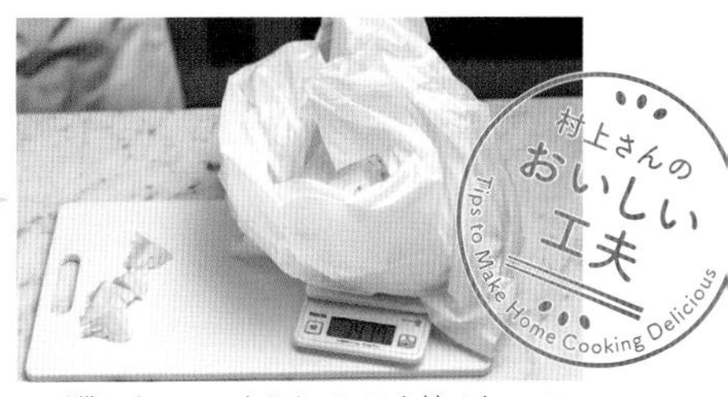


レジ袋にキャベツを入れて、口を締めないでレンチンする。加熱する時間は計量して決める

ロールキャベツのあんを用意する。先に、玉ねぎをみじん切りしておくとよい

大きめのボウルにまず、パン粉、こしょう、塩を入れていく

❹ キャベツを電子レンジで加熱している間に、あんを作る。ボウルに **A** の材料を入れ、滑らかになるまで混ぜ、15 等分し、長さ 7 ～ 8㎝の俵形に整える。後で煮込むので、玉ねぎのみじん切りは生で OK。

❺ レジ袋の中に水を流し込んで粗熱を取り、まな板にのせ、外側より 1 枚ずつはがし、15 枚を取る。残りも 1 枚ずつに分けて、バットにのせる。

❻ まな板に❹のキャベツをのせ、裏返して芯を半分ほどそぎ取る。葉をもう一度裏返し、そいだ芯を中央にのせ、その上に❺の肉団子を置く。

❼ 手前の葉を持ち上げて、肉団子にくるりと巻きつけ、左側の葉を内側に V 字に入るように折って、最後まで巻く。

調味料を入れたら溶いた卵をボウルに加えて、泡立て器で混ぜる

みじん切りの玉ねぎも加えて、手でもみ込むようにして混ぜる

最後に、赤身の豚ひき肉を加える。ひき肉は、粘りが出るまで練り混ぜる

片手でボウルの縁を持ち、もう片方の手の指を開いて、同じ方向に勢いよくかき混ぜる

ひき肉の粒が細かくなり、ねっとり粘りが出るまで混ぜると味がしっかり付く

ボウルの中で15等分にわけたあんを手に取り、長さ7～8㎝の俵型の肉団子を作る

❽ 右側のキャベツは人指し指で中に押し込む。肉団子が受けになり、加熱してもはずれることはない。

❾ 左側のキャベツの端も親指で中に押し込む。これで、キャベツがほつれることはない。爪楊枝を刺したり、水で戻したかんぴょうで縛ったりしなくてよい。

❿ ロールキャベツに使わなかった、キャベツの葉の残りは半分ほど鍋底に敷く。

⓫ その上に❾を並べる。そのほかの余った葉はくるくる巻き、ロールキャベツの周りにクッションのように詰める。

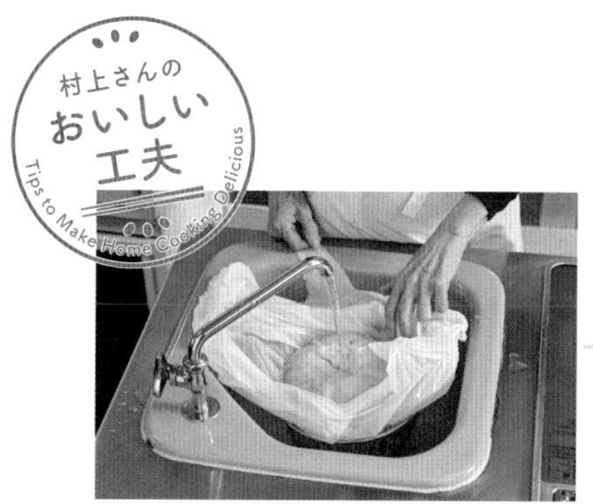


レンチン後の熱々のキャベツは、レジ袋に入れて水を流し込み、粗熱を取る

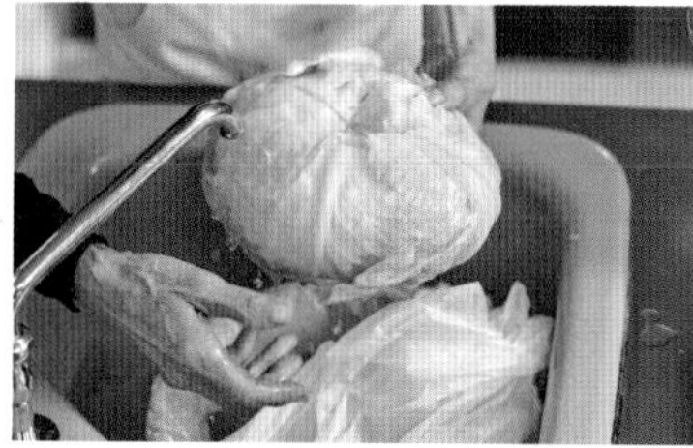

粗熱が取れたキャベツは、レジ袋から取り出して、さらに水をかける

キャベツはまな板の上で、外側から1枚ずつはがしていく

作るロールキャベツの分（今回は15枚）を取り分けておく。残りも使う

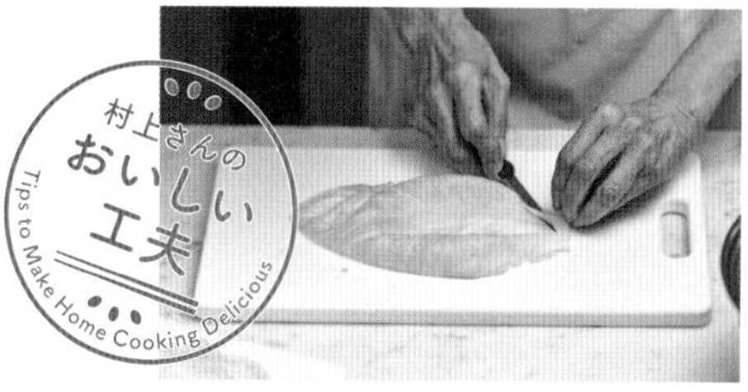


キャベツの表の芯は薄くそぎ取り、葉を裏返してその芯をのせる。材料を無駄にしない

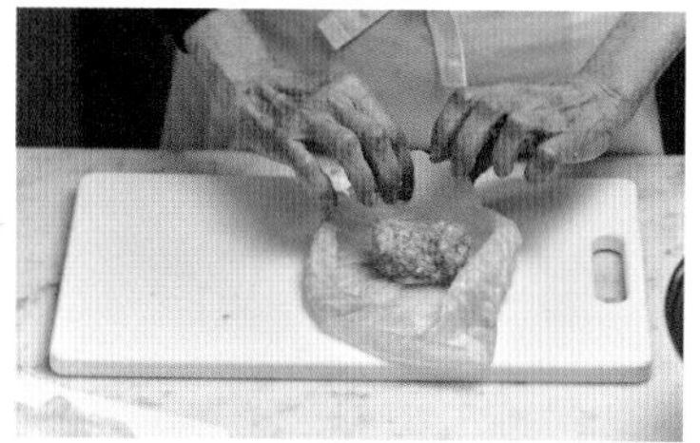

俵型に整えた肉団子を、裏側にして芯をのせたキャベツの上に置いて巻いていく

⓬ ローリエ、パセリの茎をのせ、水をひたひたに注いでから **B** を加える。

⓭ 強火にかけ、煮立ったら落としぶたをし、弱火で 30 分煮込む。

⓮ 片栗粉を水で溶いて回しかけ、煮汁にとろみがついたら火を止める。

⓯ 器に盛り、パセリのみじん切りを散らす。

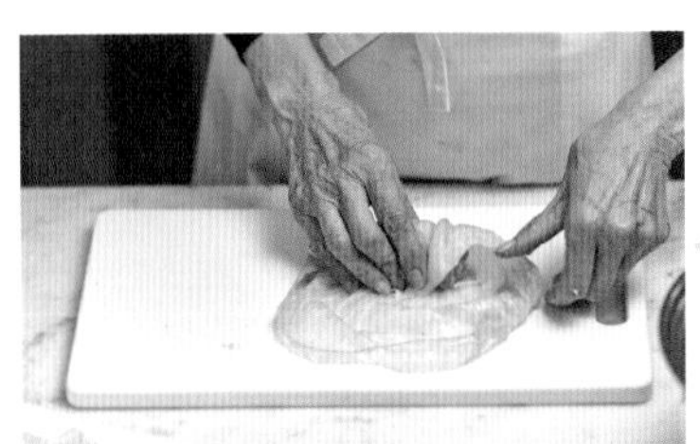

キャベツは手前の葉を持ち上げて、肉団子にくるりと巻きつける

左側の葉は、内側にV字に入るように折る。包装紙を内側に折って包むような感じ

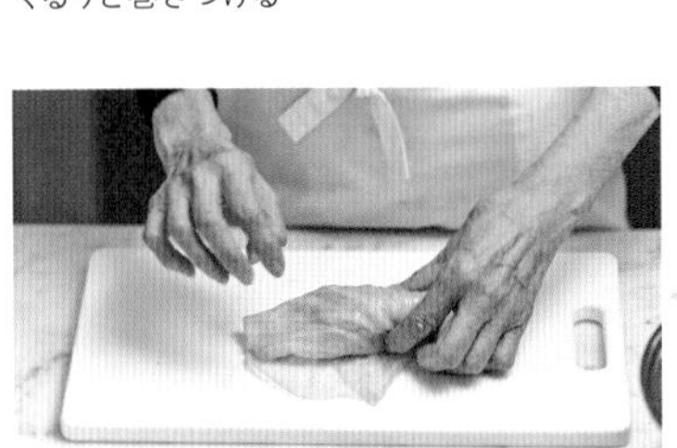

V字に入るように折ったキャベツの葉は、最後までざっくりと巻く

最後まで巻いたら、右側の肉団子の長さよりはみ出たキャベツの葉を中に押し込む

左側のキャベツの端も親指で押し込む。肉団子が、キャベツの葉の受けになる

両端のキャベツの葉を押し込むことで、キャベツはほつれることなく、形も崩れない

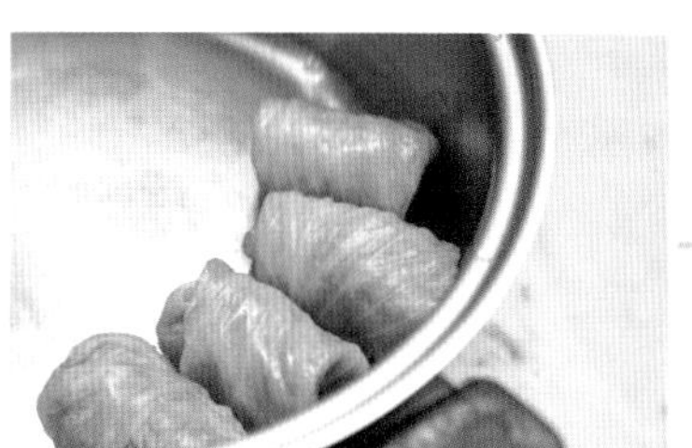

キャベツの葉の巻き終わりが下になるように、鍋に並べていく

鍋の形にそわせて、すき間なくぴっちりと並べることで、形崩れを防ぐ

すき間ができた場合は、残りの葉をくるくると巻いてストッパーにする

びっしり敷き詰められたロールキャベツの上に、ローリエとパセリの茎を散らす

小さめのボウルにトマトケチャップを入れて調味料を加え、小さい泡立て器でかき混ぜる

ロールキャベツがかぶるくらい、鍋に水7～8カップをひたひたに注ぐ

スープの素となる調味料入りのトマトケチャップを、鍋のまん中に流し入れる

ゴムべらで調味料入りのトマトケチャップを塗るように、広げてから煮込む

## キャベツの塩昆布漬け

**【材料】**

残ったゆでキャベツ……100g
細切り塩昆布……ひとつまみ
かぼすの絞り汁……小さじ1
木の芽……少々

**【作り方】**

❶キャベツは一口大に切る。
❷細切り塩昆布、かぼすの絞り汁、木の芽少々を散らして混ぜる。

村上さんのおいしい工夫
Tips to Make Home Cooking Delicious

かぼすは果肉面を下にして絞ると種がこぼれ落ちるので、上にして絞るとよい

手でキャベツをよくかき混ぜて、味をなじませる。箸ではなく手でかき混ぜるとよい

「キャベツ丸ごと1個使いのロールキャベツ」で余ってしまったキャベツの葉を使った、サイドメニュー。材料を無駄なく使うのもムラカミ流

# 筑前煮

材料の下ごしらえがすんだものから鍋に入れ、強火でドンドン煮るだけ。食物繊維たっぷりの普段のおかずです。おせち料理だと思っていませんか？　鶏肉をしいたけに換えれば、通夜のときにお出しできる精進煮しめです。

**【材料　4人分】**

にんじん……小1本（100g）
れんこん……1節（150g）
ごぼう……1本（100g）
こんにゃく（白）……1枚（200g）
ゆでたけのこ……小1個（70g）
干ししいたけ……4枚
里芋……4個（200g）
鶏もも肉（皮つき）……1枚（300g）
さやえんどう……10枚

**だし……4カップ**

**A**
水……900mℓ
昆布（4×4cm）……5枚（10g）
削り節……10g

**B**
酒……大さじ2
薄口しょうゆ＊……大さじ4
砂糖……大さじ1
みりん……大さじ1

片栗粉……小さじ2
水……大さじ2
木の芽……2〜3枚
＊または〈しょうゆ大さじ2＋塩小さじ1〉

野菜はていねいに
下処理をほどこすことで
プロの味に！
一晩おくとおいしさが増す

**【作り方】**

❶ にんじんは1cm幅の輪切りにし、梅型で抜く。5カ所に切り込みを入れて、そこを斜めに切りはずして「ねじり梅」にする。

❷ れんこんは1cm幅の輪切りにして、さっとゆでる。

❸ ごぼうは皮をこそげて1cm幅の斜め切りにし、鍋に入れ、水をひたひたに注ぎ、火にかける。煮立ったら火を止め、ざるへ上げる。

❹ こんにゃくは1cm幅に切る。中央に切り目を入れて、片方の端を穴にくぐらせて「手綱(たづな)こんにゃく」にし、水から5分ゆでる。

❺ たけのこの穂先は縦6〜8個のくし形切り、根元は1cm幅の半月切りにする。穂先部分のヒダの間にある白いアク（たけのこに含まれるシュウ酸塩は、ゆでると固まる）は爪楊枝を使って洗い流す。

❻ 干ししいたけはぬるま湯1カップにつけて戻し、軸を除き、大きければ2つに切る。戻し汁は取り分けておく。

❼ 里芋は皮をむいて2つに切る。

❽ 鶏もも肉は8つに切り分ける。さやえんどうは筋を取り、色よくゆでて水にとり、ざるに上げる。

材料の野菜などは、下準備をしておく。干ししいたけを急いで戻したいときは、砂糖小さじ1を加えた同量のぬるま湯に30分ほどつけて戻すとよい

❾ だし汁は耐熱ボウルに **A** を入れ、電子レンジ 600W で 9 分加熱して、茶こしでこす。

❿ さやえんどうを除く❶〜❽までの材料を、鍋に入れる。煮崩れしやすい里芋は上に置く。うま味の素になる鶏肉を一番上にのせると、肉汁がしたたり落ちておいしくなる。干ししいたけの戻し汁と❾を注ぎ、**B** を加えて火にかける。煮立ったら、アクを取り、落としぶたをして強火で煮る。

⓫ 煮汁が ¼ になり、ごぼうに竹串がスーッと通るようであれば、ボウルに片栗粉を入れて水で溶く。煮汁をお玉 1 杯分加えて混ぜ、鍋に加え、とろみをつける。火を止め、冷ます。

⓬ 器に盛り、さやえんどうをのせる。木の芽を左手のひらにのせ、右手でたたいて香りを出して添える。

煮るのに時間がかかる、ごぼうやれんこんを先に、鍋の底から重ねて入れていく

下準備ができたものから鍋に入れていくが、煮崩れしやすい里芋は上に置くとよい

鶏肉はうま味の素となるので、一番上にのせるとおいしくなる

さやえんどう以外の材料をすべて鍋に入れたら、だし、しいたけの戻し汁、調味料を加える

たくさんの具材をひとつの鍋で煮込むので、煮汁を¼まで煮詰めて、味をしみ込ませる

煮立ったらアクが出てくるので、アク取りはこまめに行うこと

# ぶどうまめ

『一〇三歳、ひとりで生きる作法』（篠田桃紅著）に、「茶目子の一日」というアニメソングが登場します。私の母親も茶目子さんの歌を歌いながら、ぶどうまめをお皿にのせてくれました。子どもの頃の味を再現した懐しい一品。

**【材料　出来上がり1kg分】**

大豆（水煮）……1kg
きび砂糖（または砂糖）……200g
しょうゆ……大さじ2

大豆を甘く煮たシンプルな煮豆。
高たんぱく質・低エネルギーの
理想的な栄養食品の大豆を使った
簡単でおいしい常備菜

## 【作り方】

❶ 水煮の大豆は水を切らずに鍋に入れ、火にかけて豆を混ぜてから、きび砂糖としょうゆを加える（蒸し大豆は、水 2 カップを加える）。

❷ 煮立ってきたらあくを取り、中火強の火加減で、木べらで絶えず混ぜながら、水分がなくなるまで煮て火を止める。

❸ 密閉容器かジッパー袋に小分けして、ふたをする。冷めたら冷蔵庫に入れる。

※冷蔵で 1 カ月、冷凍で 2 カ月保存できる。

調味料は、きび砂糖（ない場合は砂糖でOK）としょうゆのみでシンプル

水煮の大豆をそのまま鍋に入れて、木べらで切るようにかき混ぜる

きび砂糖はカルシウムやカリウムなどのミネラルを多く含み、まろやかな甘みがある

きび砂糖の上からしょうゆを入れる。調味料を加えたら、中火強で煮るだけ

木べらでかき混ぜながら、水分がなくなるまで煮詰める。アク取りも忘れないようにする

ジッパー袋などに入れて、小分けして冷凍しておくと便利

# かぼちゃの煮物

ムラカミ一押しの煮方です。だしはなし、しょうゆもなし、鶏肉や戻した干し貝柱なども加えません。栗かぼちゃと呼ばれる西洋かぼちゃは、ほくほくの食感と甘さが身上。水分を引き出すために、砂糖だけで作ります。

**【材料　3～4人分】**

かぼちゃ……¼個（正味300g）
砂糖……大さじ1

ほっこりかぼちゃの煮物は、
砂糖のみで、かぼちゃ本来の
うま味を引き出す。
甘さはお好みでどうぞ

**【作り方】**

❶大きめのスプーンでかぼちゃの種とわたをこそげ取る。まな板に皮を下にして置き、包丁を実の中央に当て、包丁を持っていない手で刃先の背を押さえて、2つに切る。それぞれを3〜4㎝角に切り分ける。

❷利き手が右なら、外側を右に向けて置き、皮を包丁で削り取る。削り取るのは1〜2カ所でよいが、歯が弱い人は全部取るとよい。

❸耐熱ボウルに皮の方を側面に張り付けるように置き、くぼみに砂糖を少しずつのせる。この砂糖が呼び水代わりになる。

❹ふんわりとラップをし、電子レンジ600Wで6分加熱する。

❺取り出して、かぼちゃに竹串を刺してみて、スーッと通れば出来上がり。

かぼちゃの切り口をまな板に付け、ぐらつかないよう手で包丁をしっかりと押さえて切る

硬いかぼちゃは刃先ではなく、まん中から刃元に近い部分で切るとよい

8等分を一口サイズの3〜4㎝角に切り、皮をまだらに削り取る。ピーラーを使ってもよい

必ずかぼちゃの皮を下にして、耐熱ボウルに張り付けるように置く

呼び水代わりの砂糖をかぼちゃのくぼみに置き、ふんわりラップをしてレンチンする

竹串がかぼちゃにスーッと刺さると、味つけは砂糖のみのかぼちゃの甘煮が完成

# しいたけのふくめ煮

干ししいたけを切らずに、そのままの姿で煮ふくめます。私が母親を見送った25歳のとき（1967年）は、お通夜も葬儀も自宅で行いました。仏様を見送るお別れのお膳を作り、「しいたけのふくめ煮」は、その一品です。

口の中でジュワ〜ッとうま味が広がる
しいたけのふくめ煮。
独特の香りと栄養素は
免疫力を高める働きも

【材料　出来上がり180g（煮汁を除いて正味）】

干ししいたけ＊……50g
戻し汁……2と½カップ
砂糖……大さじ4
みりん……大さじ4
しょうゆ……大さじ2
＊どんこで8枚、香信なら14枚

村上さんの
おいしい工夫
Tips to Make Home Cooking Delicious

時間はかかるが、干ししいたけは一晩おいて戻したほうが、うま味が出るのでおすすめ

調味料は砂糖、みりん、しょうゆで、干ししいたけの戻し汁を煮汁に使う

干ししいたけの戻し汁はそのまま煮汁になるので、絶対に捨てないこと

軸を外し、石突きを除いたしいたけは鍋に入れて火にかけ、煮立てる

浮いてきたら、アクをこまめに取ること。水を入れたボウルで、おたまを洗って使う

砂糖だけを加えて煮ふくめる。みりんやしょうゆはしいたけが固くなるので、後から加える

**【作り方】**

❶ 干ししいたけは水3カップを加えて、ふた付きの容器で冷蔵庫に一晩おいて戻す。時間はかかるが、うま味が十分に出る。

❷ 戻した干ししいたけは軸を外し、石突きを除く。戻し汁は取っておく。

❸ 鍋にしいたけを入れ、戻し汁を注ぎ、火にかける。煮立ってきたらアクを取り、ふつふつ煮立つ程度の弱火で5分煮て、砂糖を加えて弱火で10分煮て、次にみりんとしょうゆを加え、落としぶた代わりにまん中に穴をあけたクッキングシートをかぶせて、弱火で10分煮る。

❹ 火を止めて一晩常温に置き、味を含ませる。

※冷蔵で1週間、冷凍で1カ月保存できる。
※煮汁は次のしいたけのふくめ煮を作るときに使用する。

砂糖を入れた鍋は弱火で5分、みりんを加えて10分、最後にしょうゆを加えて10分煮る

クッキングシートで落としぶたを作る。まん中にあけた穴から、蒸気を逃がす

火を止めると、しいたけのふくめ煮が完成。一晩、常温において味をしみ込ませる

煮汁とともに保管用の容器に移して小分けにしたしいたけは、保存食になる

# 第6章　本日のご飯

「ご飯さえあれば」とは、よく言ったものだと思います。とにかく、三食ご飯を食べていれば、ブドウ糖に分解されて、エネルギーを生み出します。脳がエネルギーとして使える唯一無二のものです。これで、脳の栄養失調を防ぐことができるのです。

わが家は長い間、羽釜でご飯を炊いていました。3人の子どもたちには5歳になると、ご飯炊きを教えました。撮影用の特殊な食材の購入に出かけた日は、地下鉄に乗るときに電話をかけます。「お母さん、今、日本橋。これから帰ります。お米を洗ってご飯を炊いてね!」と、頼んだことを思い出します。

玄関を開けると、すごーいニオイ! キャッキャッと遊んでいるうちに、ご飯が噴いているのもおかまいなしで焦がしちゃった、なんてこともありました。

# 白黒ご飯

古くから禅寺に伝わるという、また聞きのそのまた聞きのユニークなご飯。濃い味付けのピリ辛茶色ご飯をおかずに、白いご飯を食べます。炭水化物ばっかりといわれそうですが、病みつきになるくらいおいしいのです。

**【材料　2人分】**

ご飯（温かいもの）……茶わん3杯（450g）
ごま油……大さじ1
赤唐辛子……1本
塩、こしょう……各少々
しょうゆ……大さじ2

**【作り方】**

❶赤唐辛子は端を切って指でもんで種を出し、幅2㎜の斜め薄切りにする。
❷フライパンにごま油を熱し、ご飯の半量を入れ、❶を加え、ご飯を切るように炒める。油が全体に回ったら塩、こしょうを振り、しょうゆを加えて炒め、火を止める。
❸茶わん2個に白ご飯を盛り、❷の黒ご飯をのせる。

白いご飯と濃いしょうゆ味の
ご飯を別々に炊いて、
まだらに混ぜ合わせる。
そんなメニューをアレンジ！

# 焼きもち茶漬け

長い間、母直伝の味と思っていましたが、本当は京都のお茶漬けですって。さっぱり塩味で、カリカリ、ねばねば、サラサラの不思議な口当たりが感動的な、ちょっとないおいしさ。レシピなどなくても……すぐできます。

**【材料　2人分】**

もち……2個
ご飯（温かいもの）……300g
塩……少々
熱いお茶……適量

**【作り方】**

❶もちはアルミホイルを敷いたオーブントースターで、こんがりと焼く。
❷茶わんにご飯を盛って❶をのせ、塩を振り、熱いお茶を注ぐ。

こんがりと焼き上がったもちをご飯にのせて、塩と熱々のお茶だけでいただく簡単メニュー

# うなぎのかば焼き丼

あつあつのうなぎのかば焼きと、生のみつばの組み合わせが絶妙。コラーゲンもビタミン$D_3$もたっぷりのかば焼きを、レンチンで温めます。切ったかば焼きがくっつかないように、1個ずつ離して耐熱皿にのせてくださいね。

**【材料　2人分】**

うなぎのかば焼き……1尾分
たれ……2パック
みつば（3〜4㎝長さのざく切り）……½ワ
ご飯（温かいもの）……300g

**【作り方】**

❶うなぎは縦半分に切り、それぞれを幅3㎝に切る。
❷耐熱皿に間隔をあけて❶を並べ（うなぎ同士がくっつきやすいため）、ふんわりとラップをかけ、電子レンジ600Wで1分30秒加熱する。
❸丼2個にご飯を盛り、みつばをのせ、たれをかける。❷の温かいかば焼きをのせる。好みで、かば焼きに添付の粉山椒（こさんしょう）を振る。

身が柔らかく、
パリッと皮までおいしい
うなぎのかば焼きを
みつばでさっぱりと

# 細切りカツとベビーリーフのサラダ丼

経済的な理由ではなく、豚ヒレ肉をうす〜くたたきのばしてカツを作ります。せんべいみたいな薄いカツを切っていくと、サクサクと音を立てて衣が弾けます。ベビーリーフをのせ、にらじょうゆをかけて、召し上がれ。

細切りカツをのせる前に、
牛乳でゆるめた
マヨネーズもかければ
味のアンサンブルも楽しめる

**【材料　2人分】**

豚ヒレ肉（塊）……100g
塩、こしょう……各適量
小麦粉＊、溶き卵、パン粉……各適量
揚げ油……適量
ご飯（温かいもの）……300g

**A**
にら（幅1cmの小口切り）……4本
しょうゆ……小さじ1
みりん……小さじ1

**B**
マヨネーズ……大さじ2
牛乳……小さじ1

ベビーリーフ（冷水で洗って水切り）……40g

＊できれば薄付きの強力粉

**【作り方】**

❶豚ヒレ肉は5mm厚さに切り、1切れずつ包丁の背で縦横にたたき、倍の大きさにする。片面にだけ塩、こしょうを振る。
❷小麦粉、溶き卵、パン粉の順で衣をつける。
❸フライパンに油を入れ、170℃に温め、❷を入れ、きつね色になって、カリッとするまで揚げる。
❹油を切り、包丁で7〜8mm幅の細切りにする。
❺丼2個にご飯を盛り、❹の細切りカツをのせ、**B**を線状にかけて**A**をかけ、ベビーリーフをのせる。

# お刺し身丼

最近、私のなかで定番になったお刺し身丼。息子のお嫁さんにも、遠来の京都の友人にもほめられ、レシピ考案のムラカミも超いい気分！ ご飯は炊いただけ。刺し身のタレは煮きらない。何もしない、が正解のお刺し身丼。

一度食べたらやみつきに。
すし飯を使わないで
白いご飯の上にのせるだけで、
リピート必須の丼物に

**【材料　2人分】**

ご飯（温かいもの）……300g
まぐろ（刺し身用）……50g
たい（刺し身用）……50g

**たれ**

A しょうゆ……小さじ1
　みりん……大さじ1
　薄口しょうゆ……小さじ1

青じそ（せん切りにし、水に放してざるへ上げて絞る）……2枚
焼きのり（焼いて細かくちぎる）……1枚
練りわさび……適量

**【作り方】**

❶丼2個にご飯を盛る（通常丼物のご飯は1人分で200g）。
❷まぐろとたいは、6切れずつに切る。
❸小ボウルに**A**を合わせてたれを作る※。❷を1切れずつくぐらせ、ご飯の上にのせる。のりと青じそをのせ、練りわさびを添える。

※たれは煮きらない。たれの量はご飯400gに対する量。余ってもご飯にかけないこと。

# 目玉焼きのっけご飯

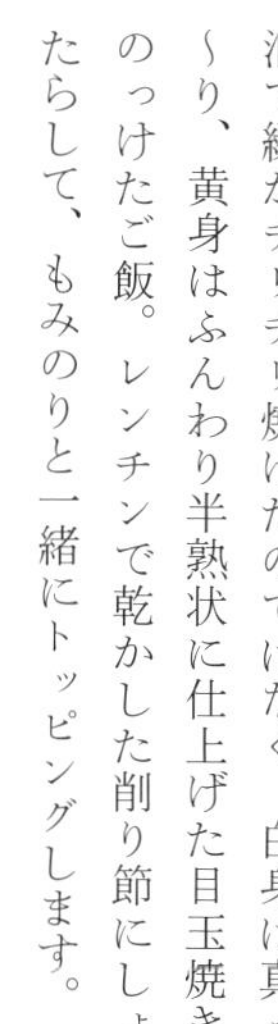

油で縁がチリチリ焼けたのではなく、白身は真っ白とろ～り、黄身はふんわり半熟状に仕上げた目玉焼き2個をのっけたご飯。レンチンで乾かした削り節にしょうゆをたらして、もみのりと一緒にトッピングします。

卵はビタミンCを除く
全栄養素を含む完全栄養食品。
ひとり暮らしの
ムラカミの十八番料理！

**【材料　1人分】**

卵……2個
サラダ油……少量
ご飯（温かいもの）……150g
削り節……小1パック（2g）

**A**
しょうゆ……小さじ1
酢……小さじ1
七味唐辛子（粉）……少々
焼きのり（細かくちぎる）……½枚

**【作り方】**

❶目玉焼きを作る。
❷削り節は耐熱容器に入れ、ふんわりとラップをし、電子レンジ600Wで30秒加熱する。取り出して指で軽くもみ、**A**をかけて混ぜる。
❸皿にご飯を盛り、目玉焼きをのせ、❷と、焼きのりを添える。

※次のページで「おいしい目玉焼き」の作り方を紹介しています。

# おいしい目玉焼き

【材料　1人分】

卵……2個

サラダ油……少量

【作り方】

❶卵は、小さなボウルに1個ずつ割り入れる。

❷テフロン加工のフライパンをコンロにのせ、弱火で2分温める。キッチンペーパーに少量の油を付けてフライパンを拭く。

❸フライパンに卵を1個ずつ移し、ふたをして弱火で5分加熱する。

❹ふたを取ってみて、白身は固まっていて、黄身はとろりとした状態になっていたら火を止める。焼き加減はお好みで。差し水をすると、卵黄の上の卵白にも火が通り、固くなる。

村上さんのおいしい工夫 Tips to Make Home Cooking Delicious

テフロン加工のフライパンを2分温めて、キッチンペーパーに含んだ少量のサラダ油を引く

小さいボウルに割り入れた卵を、フライパンにそうっと移す

フライパンに蓋をして弱火で5分。じっくり時間をかけて弱火で焼くことで、白身はふっくら、黄身はとろりの、おいしい目玉焼きが完成

# 第7章　本日の汁物

和食は「水」を媒介として成り立っています。ご飯、汁物、煮物、あえ物、蒸し物……献立のどれをとっても水が必要です。

小学校5年生になると、家庭科実習が始まります。第1回目は「村上先生に来てもらってみんなで作ろう」と、校長先生の心意気で、熊本市の麻生田（あそうだ）小学校の5年生と体育館でみそ汁の実習。自分たちで作った昆布とかつお節のだしを飲んで、「なつかしい味」と、コメントしました。

そうです。日本人のDNAには、昆布由来のグルタミン酸やかつお節由来のイノシン酸など、うま味成分がすりこまれているのです。グルタミン酸とイノシン酸、2種類のうま味成分を使用すると1＋1＝2ではなく、2×2＝4の相乗効果が生まれるといわれています。また、うま味を味わうと唾液の分泌が長時間続き、ドライマウスの改善も。

## 鍋で作る日本のだし

**【材料　出来上がり600㎖（3カップ）】**

水……700㎖（3と½カップ）
昆布（4×4㎝のもの）……4枚（8g）
削り節＊……小4パック（8g）
＊頭と内臓を取った同量の煮干し（いりこ）でもよい

**【作り方】**

❶鍋に水を注ぎ、昆布を加えて30分おいて、中火にかける。
❷昆布がゆらゆらと浮いてきたら取り出し、水¼カップを足して湯温を80℃まで下げ、削り節を加え、再び煮立ったら火を止めて少し冷ましてから、茶こしでこす。

## 電子レンジで作る日本のだし

**【材料　出来上がり300㎖（1と½カップ）】**

水……350㎖（1と¾カップ）
昆布（4×4㎝のもの）……2枚（4g）
削り節……小2パック（8g）

**【作り方】**

❶耐熱ガラスのメジャーカップに水を入れ、昆布と削り節を加え、ふたはしないで電子レンジ600Wで3分30秒加熱する。
❷取り出して、茶こしでこして冷ます。
※一番だしは海の素材の昆布と削り節で作るので、塩分が含まれている。この塩分は昆布だしに含まれるアルギン酸のねばねば成分により、体内に吸収されにくくなるといわれている。

水を注いだ鍋に、4cm角の昆布4枚を加える

昆布を入れてから30分おき、中火にかける。
絶対に沸騰させないこと

ゆらゆらと昆布が浮いてきたら取り出す

水¼カップを加えて、80℃まで下げる
（80℃でうま味が出てくる）

耐熱カップに水、昆布と削り節を用意する

水入りの耐熱カップに、昆布と削り節を入れる

ふたやラップをしないで、レンチンする

電子レンジ600Wで3分30秒がちょうどよい。
加熱しすぎると、ふきこぼれることも

昆布を取り出した鍋に、削り節を入れる

鍋が煮立ってきたら火を止める

少し冷ましてから茶こしでこす

水700mℓで600mℓのだしが取れる

レンチン後のカップから削り節を取る

削り節の下にある昆布も引き上げる

削り節と昆布を引き上げたら、茶こしでこす

鍋より短時間で簡単に、だしが取れる

# だしを取った後の 昆布と削り節のつくだ煮

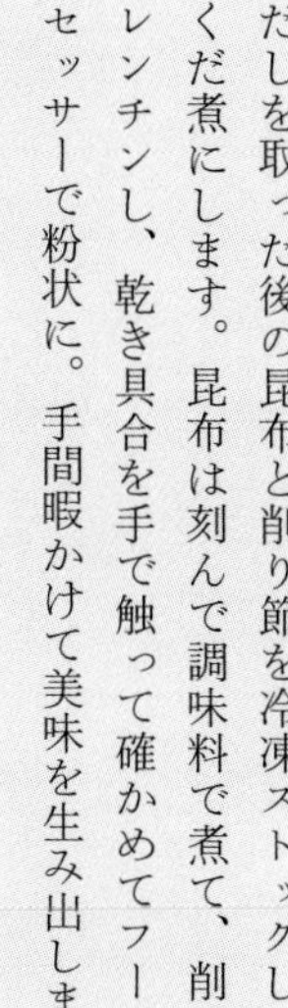

だしを取った後の昆布と削り節を冷凍ストックして、つくだ煮にします。昆布は刻んで調味料で煮て、削り節はレンチンし、乾き具合を手で触って確かめてフードプロセッサーで粉状に。手間暇かけて美味を生み出します。

だしを取った後の昆布と削り節で、
自家製のつくだ煮ができる。
作り置きの保存食にもなり、
好みの味付けにもできる

**【材料　出来上がり600g分】**

昆布（だしを取った後のもの）……200g
削り節（だしを取った後、キュッと絞ったもの）……300g
**A**　しょうゆ……½カップ（115g）／砂糖……½カップ（65g）
　みりん……½カップ（115g）／酒……½カップ（100g）
いりごま（白）……大さじ2
一味唐辛子……小さじ½

**【作り方】**

❶昆布は3㎝長さのせん切りにする。
❷削り節はざくざくと切り、耐熱ボウルに入れ、ラップをしないで電子レンジ600Wで12分（100gにつき4分の割合で）加熱して乾燥させる。2枚刃をセットしたフードプロセッサーにかけ、粉がつお状にする。
❸鍋に❶と**A**を入れ、火にかける。絶えず混ぜながら煮て、煮汁がなくなってきたら、❷を加え、加熱しながら煮汁を吸わせ、火を止める。ごまと一味唐辛子を加えて混ぜる。
❹ふた付き容器に移し、冷蔵庫で保存する。

※冷蔵で約1週間、冷凍で1カ月保存できる。

だしを取った後、冷凍ストックしておいた昆布と削り節を解凍してから作る

しょうゆ、みりん、砂糖、酒で味付けする

200ｇの昆布は3㎜長さのせん切りにする

解凍した削り節は、手でギュッと絞る

絞った削り節を包丁でざくざくと切る

切った削り節を耐熱ボウルに入れる

ふたもラップもしないでレンチンする
（乾き具合は手で触って確かめる）

2枚刃をセットしたフードプロセッサーに投入

フードプロセッサーがない場合は、
包丁で細かく削り節を刻む

削り節は、サラサラとした粉がつお状にする

鍋に昆布と調味料を加えて、火にかける

絶えず箸で混ぜながら煮ていく

煮汁がなくなってきたら削り節を加えて、
加熱しながら残りの煮汁を吸わせる

火を止めて、いりごまを加える

一味唐辛子（量は好みでよい）も加える

箸で絡めるようにしてよく混ぜる

# おいしいお吸い物

削り節と昆布で取っただしを薄口しょうゆと塩で調味します。塩分は0・8％。実は、これが黄金比なのです。私たちの体液の塩分％は0・9。それより低くできるということは、手作りのおいしいだしがあってこそ。

**【材料　2人分】**

だし……1と½カップ
A　薄口しょうゆ……小さじ1
　塩……小さじ¼
カットわかめ（乾燥・水大さじ2で戻してざるに上げる）……小さじ1
みつば……2本
ゆずの皮（細切り）……4本

**【作り方】**

❶だしをAで調味して温める。
❷わかめは水洗いして4㎝長さに切る。みつばは2㎝長さのざく切りにする。
❸椀に❷とゆずの皮を入れ、❶を注ぐ。

だしを薄口しょうゆと塩で調味。
爽やかでスッキリとした
香りが魅力のゆず皮を
細切りにしてトッピング！

# もやしと春雨、わかめ、青菜の吸い物

冨士太々神楽（神様に捧げる歌や舞）で奉納される「神座（神霊の降臨する場所）」。祈禱式の後に開かれる「直会」で供された吸い物の記録から、作りやすいレシピに勘案しました。秋には松茸も使うといわれています。

えっ、お吸い物にもやし？
具は二番だしで1種類ずつ、
煮ふくめていくとよい。
具だくさんのお吸い物

**【材料　2人分】**

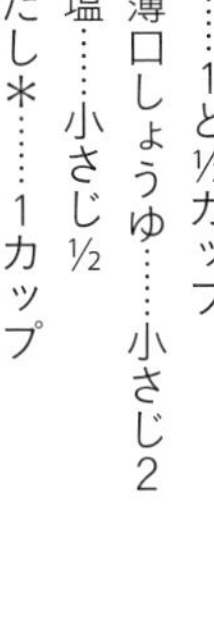

だし……1と½カップ
A　薄口しょうゆ……小さじ2
　　塩……小さじ½
二番だし＊……1カップ
ほうれん草……2枝
カットわかめ（乾燥・水大さじ2で戻してざるに上げる）……小さじ1
春雨（乾燥）……8g
太もやし（ひげ根を取る）……100g
へぎゆず＊……2枚
＊ゆずの皮を1.5〜2㎝の丸形にそぎ取ったもの

**【作り方】**

❶二番だし（出来上がり約1カップ）＊は、だしをとった後の昆布と削り節に水1カップを加え、ひと煮立ちさせて、こす。
❷❶を鍋に入れて温め、ほうれん草、わかめ、もやし、春雨を同時ではなく別々に入れて火を通し、汁を切る。
❸だしをAで調味して、温める。
❹椀に❷を入れ、❸を注ぎ、へぎゆずを添える。

# 豆麩とわかめのみそ汁

カットわかめは水戻ししないで椀に、豆麩(とうふ)はだし、または水で戻して軽く絞ります。だしにみそを溶いて火にかけたら、沸騰寸前で火を止めることがポイントです。この気配りで、ぐ～んとおいしいみそ汁になるのです。

**【材料　2人分】**

だし……1と½カップ
みそ……小さじ4（24g）
豆麩……4個
カットわかめ（乾燥）……小さじ½
小ねぎ（小口切り）……少々

**【作り方】**

❶豆麩はだしで戻して、軽く絞る。
❷鍋にだしを入れ、みそを溶き、火にかけて温めて、沸騰寸前で火を止める。
❸椀に❶と小ねぎ、カットわかめはそのまま入れ、❷を注ぐ。

乾燥カットわかめの塩分を
そのまま利用する。
花の形をした豆麩で
天然色素のやさしい彩りを演出

# 赤だし

豆みその八丁みそのうま味渋味に、京の西京みそで甘みとまろやかさを足した、赤だしみそをだし汁で溶きます。するとそれだけで完成度の高いみそ汁に。具材を使うとしたら、じゅんさい、岩のり、水前寺のりなどを。

**【材料　2人分】**

だし……1と½カップ
赤出しみそ……小さじ4（24g）
小ねぎ（小口切り）……少々

**【作り方】**

❶だしに赤出しみそを溶き、温めて、沸騰寸前で火を止める。
❷椀に小ねぎを入れ、❶を注ぐ。

赤だしは"だし"が主役！
甘味成分をほとんど含まない
赤だしみそは、だしの味を
最大限に引き立たせる

# 豚汁

豚肉にれんこん、大根、にんじん、ごぼう、里芋など、根菜類を組み合わせます。じっくり柔らかくなるまでだしで煮て、滋味を引き出します。みそは、家で使っているいつものみそで、十分おいしい豚汁ができます。

豚肉が入っている豚汁は、
たんぱく質を摂取できる。
野菜やこんにゃくで
低カロリーながら満足度は高い

**【材料　2人分】**

だし……1と½カップ
みそ……小さじ4（24g）
豚肉（薄切り）……30g
**A**（れんこん、大根、にんじん、ごぼう、里芋、こんにゃく）……合わせて120g
小ねぎ（小口切り）……1本分
七味唐辛子……少々

**【作り方】**

❶豚肉は4cm幅に切る。**A**の根菜は小ぶりの乱切りにし、こんにゃくは計量スプーンの小さじでかき取る。
❷鍋にだしを入れ、❶を加えて火にかける。煮立ってきたらアクを取り、中火にし、根菜が柔らかくなるまで煮て、みそを溶き、煮立つ寸前に火を止める。
❸椀によそって小ねぎを加え、七味唐辛子を振る。

# おもちの粕汁

酒粕に塩、砂糖、水を加えて、ゆるめのペーストに仕上げます。これがあれば、粕汁はいつでもＯＫ。酒粕ペーストは魚や豚肉、鶏肉に塗って、クッキングシートに挟んでフライパンで焼けば、粕漬け料理は簡単です。

**【材料　２人分】**

だし……1と½カップ
みそ……小さじ1（6g）
酒粕ペースト……大さじ1
丸もち……2個（100g）
かまぼこ（薄切り）……2枚
結びみつば＊……2個
へぎゆず……2枚

＊　みつば2本を2つ折りにして重ね、片結びにして先端は揃えて切り落としたもの

（作り方は次のページ）

酒粕は身体を温めて
新陳代謝を高める働きがある。
だしも酒粕ペーストも
みんな手作り

【作り方】

❶耐熱ボウルに水½カップを入れ、丸もち2個を加え、ラップはかけずに電子レンジ600Wで1分加熱する。

❷鍋にだしを入れて温め、酒粕ペーストとみそを溶き入れ、結びみつばを1秒ほど浸して取り出し、火を止める。

❸椀2個にだしを張り、もちを1個ずつ入れ、かまぼこと結びみつばをのせ、へぎゆずを添える。

## 酒粕ペースト

【材料　出来上がり330g】

酒粕……200g
水……½カップ
塩……小さじ⅓
砂糖……大さじ1

【作り方】

❶酒粕は2㎝角に切って耐熱ボウルに入れ、水を加える。ふんわりとラップをし、電子レンジ600Wで2分加熱する。

❷取り出して泡立て器でクリーム状になるまで混ぜ、滑らかになったら塩、砂糖を加えて混ぜる。ふたつきの容器に入れて保存。

※冷蔵で1カ月、冷凍で2カ月保存できる。

# 第8章　本日のおやつ

村上祥子、ただいま81歳。年明け2024年の2月には、誕生日を迎えます。

疎開先の家の外に七輪を出して、ドーナツを揚げていたのは7～8歳の頃のこと。子どもが揚げ物をしているのはわかっているはずですが、家の中にいる母親に注意を受けたことも、よしなさいと言われたこともありません。以来、私はせっせ、せっせと、毎日のようにお菓子を作ってきました。

紹介する6品は、「村上食堂®」で出したいデザートたちです。本職のケーキ職人ではありませんが、家庭の主婦が何十年も作ってきた〝プロフェッショナル 仕事の流儀〟をお目にかけます。パイシート1枚からほんの少しも取りこぼさない、倹約でゴージャスなお菓子作りを、みなさんも、楽しんでいただけたらと思います。

# コーシャのチーズケーキ

六本木のコーシャのチーズケーキは、日本一という評判でした。50年も前の話です。肝腎の材料の配合を知っているコーシャのマダムは、誰にも教えず天国に旅立ったとのこと。自分なりにレシピを工夫して焼いています。

【材料　縦19㎝×横15㎝×高さ6㎝の耐熱ガラスのオーバルケーキ型1個分】

**クラスト**

リッツクラッカー（またはビスケット）……70g

**A**
シナモン……小さじ1
ナツメグ……小さじ¼
砂糖……大さじ2
バター……30g（4つに切る）

**チーズクリーム**

**B**
クリームチーズ……200g
砂糖……50g
塩……少々
バニラエッセンス……小さじ½
卵……2個
生クリーム（植物性）……½カップ

**C**
サワークリーム＊……1カップ
砂糖……大さじ1
バニラエッセンス……小さじ½

＊サワークリームがないときは、生クリーム1カップ＋レモン汁大さじ1を使用

粉を使わずに焼き上げたチーズケーキは、舌にのせるとねっとりした濃厚な味わい

## 【作り方】

❶ オーブンを 160℃に温める。

❷ 〈クラスト〉

フードプロセッサーに 2 枚刃をセットし、クラッカーを入れて高速で回して砕く。途中で **A** を加え、しっとりするまで回す。ケーキ型に移して広げ、ラップをかぶせて瓶の底で押さえながら踏み固めるように平らにする。

クラストを作る。フードプロセッサーに2枚刃をセットし、クラッカーを入れる

高速で回して、クラッカーを砕く。これが、チーズの下のケーキの生地になる

フードプロセッサーに、シナモン、ナツメグ、砂糖、バターを加える

バターの粒がなくなり、クラッカーがしっとりするまで回す

ケーキ型に移して広げる。ケーキの型には、バターや油は塗らない

クラスト生地にラップを張り付ける。これは、次の作業の下準備

### ❸〈チーズクリーム〉

①ボウルに **B** を入れ、ハンドミキサーの高速で3分、クリーム状になるまで練り混ぜる。

②卵を1個ずつ加え、そのつど、ハンドミキサーで混ぜる。卵が全部入ったら、ボウルが熱を帯びてくるので、下に氷水の入ったバットをあてがった方がよい。

③生クリームをたらしながら混ぜ、コンデンスミルク程度の固さにする。

クラスト生地を踏み固めるように平らにするため、瓶の底で押さえていく

チーズクリームを流したとき、クラストが浮き上がらないようするため、平らにする

ハンドミキサーの回転でボウルが熱を帯びてくるので、氷水の入ったバットを下にあてがう

卵が全部入ったら、生クリームをたらしながら混ぜ、コンデンスミルク程度の固さにする

最初に作ったケーキ型に、チーズクリームを流して天板に置く

天板に熱湯を1㎝深さ注ぐ。40分蒸し焼きにし、湯が途中でなくなれば足す

❹❷のケーキ型に❸を流して天板に置き、天板に熱湯を 1cm深さ注ぐ。オーブンの下段に入れ、40 分蒸し焼きにする。湯が途中でなくなれば足す。上にうっすら焼き色がついたら取り出し、室温に 20 分おいて膨らみが沈むのを待つ。

❺ボウルに **C** を入れて混ぜ、冷ました❹の上に流す。200℃に温めたオーブンの上段に入れ、2 ～ 3 分焼く。オーブンの中を見ていて表面にあぶくが 4 つ数えられたら、取り出して冷ます。冷蔵庫で一晩冷やし、湯で温めたスプーンですくって皿に取る。

上にうっすら焼き色が付くまで焼いて、取り出す。室温に20分おいて膨らみが沈むのを待つ

サワークリームは、生クリームに乳酸菌を加えて発酵させたもの

ボウルにサワークリーム、砂糖、バニラエッセンスを入れて、泡立て器で混ぜる

焼き上がった生地を冷ましてから、上にチーズクリームを流す

200℃に温めたオーブンで2～3分焼く。表面にあぶくが4つ数えられたら、取り出して冷ます

サワークリームを固めるため、オーブンから取り出したら冷蔵庫で一晩冷やす

# ガレット・デ・ロワ

"galette des rois" はフランス語で「王様の菓子」という意味があり、新年を祝う1月6日の公現節の日に登場します。アーモンドクリームが入ったパイ菓子で、公現節に切り分けて食べます。名前の通り、贅沢！

**【材料　直径25㎝のパイ皿1枚分】**

パイシート（20㎝四方・冷凍／前日に冷蔵庫に移し、解凍する）＊……2枚（300g）
打ち粉用強力粉……適量
溶き卵……1個分
カステラ……4切れ
はちみつ……適量

**アーモンドクリーム**

バター（有塩）……150g
砂糖……150g
アーモンドエッセンス……小さじ½
溶き卵……3個分
アーモンドパウダー……150g

＊BELLAMYS 冷凍パイシート（150g×2枚）NEWZEALAND 製

折り込んだパイ生地とアーモンドクリームで作った焼き菓子は、表面の美しい飾りが特徴

## 【作り方】

### ❶〈アーモンドクリーム〉

① ボウルにバターを入れ、30 分ほど室温において柔らかくする。時間がなければ、冷蔵庫から出したばかりのバターを 1cm厚さ 3cm角に切って、ボウルに入れる。別のボウルに卵3個をハンドミキサーで溶いておく。

② 砂糖とアーモンドエッセンスを加え、ハンドミキサーの低速でクリーム状になるまで練る。始めはミキサーのスクリューに絡まっていたバターと砂糖が混ぜ続けるうちに離れ、ボウルの底に移っていく。

ケーキの材料が勢揃い。パイシートは、20cm四方の市販品を使用するのがよい

アーモンドエッセンスは、ローストした香ばしいアーモンドの香りが特徴

別のボウルに卵3個をまとめて、ハンドミキサーの低速で溶いておく

バターに砂糖とアーモンドエッセンスを加え、ハンドミキサーの低速でクリーム状にする

溶き卵を大さじ2杯分ずつ、小さなお玉ですくって加えて、ハンドミキサーで混ぜる

アーモンドパウダーを加え、ハンドミキサーで混ぜてねっとりとしたクリームに仕上げる

③別のボウルに卵３個をまとめてハンドミキサーの低速で溶き、大さじ２杯分ずつ小お玉ですくって②に加え、ハンドミキサーのギアを高速に上げて混ぜ続ける。卵がすべて（糊用に大さじ１を残す）入ったら、アーモンドパウダーを加え、ハンドミキサーで混ぜてねっとりとしたクリームに仕上げる。次のステップのパイ生地をのばす間、冷蔵庫に入れておく。

**❷〈パイ生地をのばす（20㎝四方から28㎝四方に）〉**

①まな板に打ち粉をし、パイシート１枚をのせ、フォークで突いて全体に穴をあける。麺棒を中央に置き、向こう側に押しながらのばしていく。向こう側についたら、麺棒を中央に戻す。今度は手前に向かって押しながら端までのばす。麺棒を中央

パイ生地をのばす間、アーモンドクリームは冷蔵庫に入れておく

まな板には、パイシートよりやや広めに打ち粉（強力粉）をふり、スプーンで広げる

打ち粉をふったまな板の上に、パイシートを1枚のせる

上面にも打ち粉をふり、同じようにスプーンで広げてから、フォークで穴をあける

麺棒を中央に置き、左右の手で麺棒を持って向こう側に押しながらのばしていく

向こう側についたら、麺棒を中央に戻す。今度は手前に向かって押しながら端までのばす

に置き直し、左手で向こう側の生地を麺棒に引っかける。右手で麺棒を持ち上げ、90 度向きを変え、裏側が表になるように置く。このとき、あいている左手は生地をおろす前に、まな板全体に打ち粉がついているかを確かめる。これを数回繰り返し、最初20cm四方だった生地を 28cm四方にのばす。

② 麺棒に生地をかけて右手で持ち上げたら、左手で内側に油を塗ったパイ皿を引き寄せて、まな板の中央に置く。麺棒を逆回ししながら生地を外しながら、パイ皿にのせる。生地を優しく両手で持って浮かしながら、均一に生地を敷き込む。28cm× 28cmの生地を直径 25cmのパイ皿に敷き込むと、四隅がはみ出ている。その分ははさみで切り取り、足りないところは指に水をつけて生地を張り付ける。

少し縦長になったシートは向きを90度変えて表裏をひっくり返し、フォークで穴もあける

90度向きを変えたシートを、正方形になるようにのばしていく

のばしたパイ生地の上に直径25cmのパイ皿をのせて、28cmにのびているか確かめる

内側に油を塗ったパイ皿の上から、麺棒を逆回ししながら引っかけた生地を外す

28cm四方の生地を直径25cmのパイ皿に敷くと、四隅がはみ出すので、はさみで切り取る

足りないところは指で水を塗って、はさみで切った部分を張り付ける

❸ カステラを 1cm幅に切って❷のパイ皿に敷き、上に❶のアーモンドクリームを流す。このとき、中央が少し高くなるように、ゴムべらで形をならす。

❹ もう 1 枚のパイシートを❷の要領で 28cm× 28cmにのばす。

❺ ❸のパイ生地の縁の部分に、残しておいた卵液を刷毛で塗る。

❻ ❹のパイシートを麺棒にかけて❺の上まで移動し、❺の中央のところでパイ生地を手前半分にかぶせ、向こう側は麺棒を回しながら、のせる。

❼ パイ皿の周囲の縁の上を指で押さえて、生地を密着させる。

❽ パイ皿より 1.5cmほどはみ出した生地を、はさみで切り落とす。

❾ はみ出ている生地は下側に折り込み、形を整える。

村上さんの
おいしい
工夫
Tips to Make Home Cooking Delicious

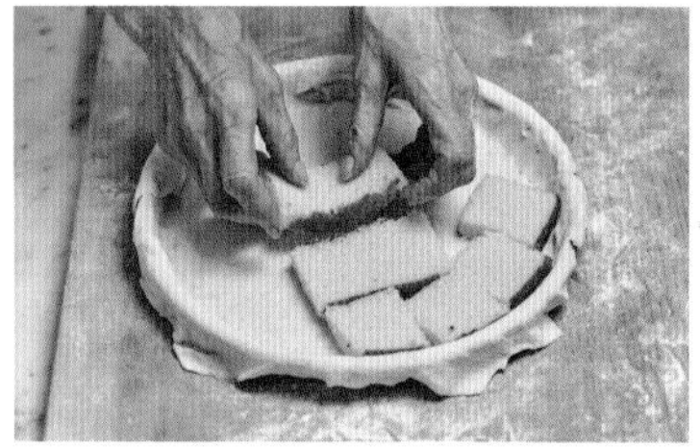

パイシートを敷き詰めたパイ皿に、1cm幅に切ったカステラを敷く

上からアーモンドクリームを流す。中央が少し高くなるように、ゴムべらで形をならす

もう1枚のパイシートを冷蔵庫から取り出し、同じように28cm×28cmにのばす

パイ生地の縁の部分に、残しておいた卵液を刷毛で塗る。卵液は接着の働きをする

パイ生地を麺棒にかけてパイ皿の手前半分からかぶせ、向こう側は回しながらのせる

パイ皿の縁の生地を左手人指し指で押さえ、右手人指し指と中指でV字形の縁飾りを作る

⑩ その縁の生地を左手の人指し指で押さえ、右手の人指し指と中指でV字形に形を整えながら縁飾りを作る。

⑪ 溶き卵を全体に塗る。カッターナイフでパイ生地の表面に十字の印を入れ、さらにその半分のところにも切り目を入れる。その切り目を中心に左右に木の葉形に印をつけ、カッターで葉脈のような切り目を3～4㎜間隔で入れる。葉脈ではないデルタ地帯の生地にも、切り込みを入れる。❽で切り落としたパイ生地をつないで麺棒を転がし、幅2㎝のリボン状にし、くるくる巻いてバラの花に整えてパイの中央に置く。

⑫ 天板にのせ、200℃のオーブンの下段で40分、きつね色になり、カッターで入れた切り目が白く膨らむまで焼いて火を止める。

⑬ 熱いうちにパイ皿を取り出し、艶出しと乾燥防止に、刷毛ではちみつを塗る。

焼き上がったパイの表面につやを出すため、溶き卵を全体に塗る

パイ生地の表面にカッターナイフで、葉脈に見えるように切り目を入れていく

切り落としたパイ生地をつないで麺棒を転がし、幅2㎝のリボン状にする

リボン状のパイ生地をくるくる巻いて、バラの花形に整える

生地をくるくる巻いてリボン状にした、バラの花形をパイの中央に置き、オーブンで焼く

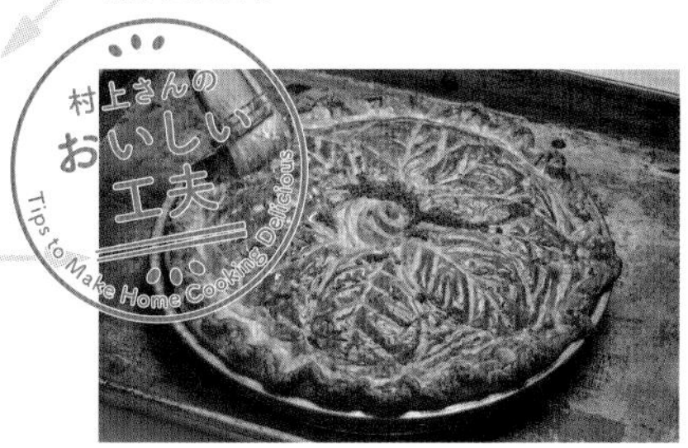

艶出しと乾燥防止のために、熱いうちにパイ皿を取り出し、刷毛ではちみつを塗る

# ブラウニー

小麦粉にココアやチョコレートを混ぜ、バターも多いアメリカのケーキ。クッキー風のパリッとしたものから、ケーキ風のしっとりしたものまでさまざま。ボストンB(ブラウニー)は土地、ジンジャーBは材料から名前を付けることもあります。

**【材料　20㎝角×高さ6㎝角のケーキ型1枚分】**

板チョコレート（ブラック）
……2枚（100g）
バター……40g
卵黄……4個分
砂糖……100g
アーモンドエッセンス……小さじ¼
粉砂糖……少々
**A**　薄力粉……140g
　ココア……大さじ4
　ベーキングパウダー
　……小さじ2
　塩……小さじ⅕

**メレンゲ**
卵白……4個分
塩……ひとつまみ
砂糖……大さじ3
**B**　くるみ……40g
　レーズン……40g
　チョコチップ……100g

**〈準備〉**
- くるみは刻む。
- レーズンは、ひたひたの水を加えて水分がなくなるまで煮て冷ます。
- 型の底と側面に合わせてクッキングシート2枚を交差させて敷く。

濃厚な焼き菓子は、
スクエア型で平たく焼く。
ティータイムのお供にしたり
手土産にしても喜ばれる

**【作り方】**

❶ 卵白に塩を加え、ピンと角が立つくらいまで泡立てる。砂糖を大さじ１ずつ加えて、そのつど泡立て器で混ぜ、固く艶のあるメレンゲを作る。

❷ 耐熱ボウルにチョコレートと４つに切ったバターを入れ、ふんわりとラップをかけ、電子レンジ600Wで１分30秒加熱する。

❸ 取り出して滑らかになるまで混ぜ、卵黄と砂糖、アーモンドエッセンスを加えて、ハンドミキサーの低速で混ぜる。

使用するすべての材料。アーモンドエッセンスもベーキングパウダーも定量を用意する

ボウルに卵白を入れ、塩を加える。これがメレンゲの材料となる

高速のハンドミキサーで、ピンと角が立つくらいまで泡立てる

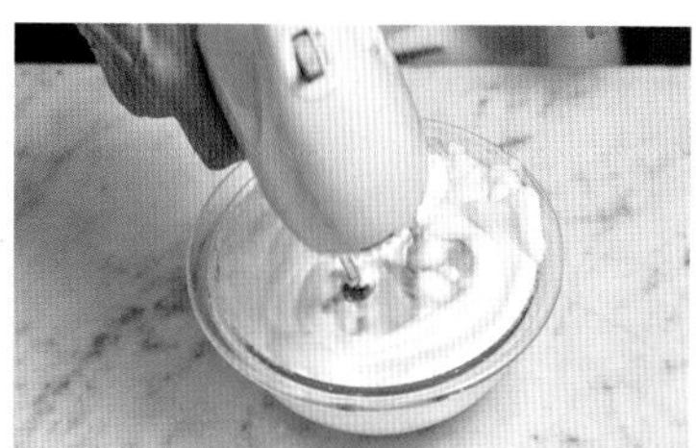
砂糖を大さじ1ずつ加え、そのつど泡立て器で混ぜ、固く艶のあるメレンゲを作る

耐熱ボウルに、チョコレートと4つに切ったバターを入れる

専用のふた、またはふんわりとラップをかけ、電子レンジ600Wで1分30秒加熱する

❹ **A** の半量を加えて混ぜ、さらに❶の半量を加えて混ぜる。残りの **A** と❶を加えて、そのつど混ぜ、最後に **B** を加えて混ぜる。

❺ オーブンシートを敷いた型に流し入れ、160℃のオーブン下段で、完全に火が通るまで 40 分焼いて取り出す。

❻ 冷めたら一晩置く。12 時間ほどおくと、味がなじんでおいしくなる。好みのサイズに切り分けて、粉砂糖を振る。

電子レンジから取り出して、アーモンドエッセンスを加える

溶かしたチョコレートとバターに砂糖を加えて、ハンドミキサーの低速で混ぜる

卵黄も加え、さらに、ハンドミキサーの低速で混ぜる

チョコレートが完全に溶けるまで、ハンドミキサーの低速で混ぜる

空気を含ませて焼き菓子の仕上がりをよくするために、薄力粉はふるいながら入れる

薄力粉、ココア、ベーキングパウダー、塩を半量加えたら、泡立て器で混ぜる

先に作っておいたメレンゲの半量を加えて、泡立て器で混ぜる

残りの薄力粉をふるって入れて、粉をほぐして細かくする

残りのココアもふるって入れる。ココアもかたまりが取り除かれ、きめが細かくなる

くるみ、レーズン、チョコチップを加えて、泡立て器で均一になるように混ぜる

オーブンシートが内側に倒れないように、目玉クリップで留めた型に流し入れる

160℃のオーブン下段で、完全に火が通るまで40分焼く

オーブンから出して冷まし、一晩おくと味がなじんでおいしくなる。型から取り出す

裏返して好みのサイズに切り分け、茶こしに粉砂糖を入れてふる

# ティラミス

"Tirami su!" はイタリア語で「私を元気づけて！」の意味です。ご存じない方も、少なくないかもしれませんね。従来の村上祥子流ティラミスを、2倍のボリュームでパワーアップ。ぐっと元気が出ることでしょう！

**【材料　直径6・5㎝×高さ4・5㎝の容器（100㎖容量）6個分】**

**チーズクリーム**

マスカルポーネチーズ……1個（200g）
水……大さじ3
粉ゼラチン……1袋（5g）
**A**　卵黄……2個分
　バニラエッセンス……少々
　グラニュー糖……大さじ2
生クリーム……100㎖
グラニュー糖……大さじ1

**コーヒーシロップ**

**B**　砂糖……大さじ1
　インスタントコーヒー……大さじ2
　湯……大さじ3
チョコレートクッキー＊……6枚
ココア（粉）……適量
＊森永 BLACK MOON

混ぜて冷やすだけで
簡単ティラミス！
ほろ苦いチョコ味で
大人のスイーツ

**【作り方】**

❶ 耐熱ボウルに水を入れ、粉ゼラチンを混ぜて、2 分おいてから、電子レンジ 600W で 20 秒加熱する。

❷ 別のボウルに **A** を入れる。小鍋に湯を 2cm深さで沸かして弱火にし、その上にボウルをのせる。ボウルは湯気を当てるだけで、湯にはつけない。ハンドミキサーで 2 分泡立て、卵が倍量になったら湯煎から外し、冷めるまでさらに 2 分、泡立てを続ける。

❸ ボウルに生クリームを入れ、グラニュー糖を加え、氷水に浮かべてハンドミキサーで7分、泡立てる。

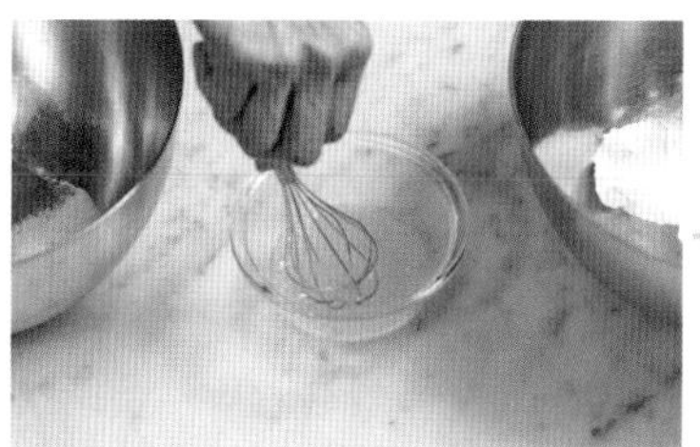

粉ゼラチンをふり入れ、すぐ小さな泡立て器で混ぜ、2分おいて浸水させ、レンチンする

別のボウルに卵黄、バニラエッセンス、グラニュー糖を入れ、湯煎にかけて泡立てる

ハンドミキサーは片手で胴をしっかり握る。ビーターの先がボウルの底に当たり、細やかな泡に

倍量になったら湯煎から外し、さらに2分、冷めるまで泡立てを続ける

材料のマスカルポーネチーズは、イタリア産のクリームチーズのこと

別のボウルにマスカルポーネチーズを入れ、ハンドミキサーでクリーム状に練る

❹別のボウルにマスカルポーネチーズを入れ、ハンドミキサーでクリーム状に練り、❶❷❸を加えて、さらにハンドミキサーで混ぜる。

❺**B**を合わせる。

❻容器6個に❹のチーズクリームを⅔の高さまで入れ、クッキーを❺に1枚ずつ浸して置き、残りのコーヒーシロップを等分に流し、残りのチーズクリームを等分に口まで詰め、上を平らにならして冷蔵する。

❼食べるときに、茶こしにココアを入れて振り、スプーンを添えて出す。

それぞれのボウルで作った材料をすべて加えて、ハンドミキサーで混ぜる

6個の容器に、それぞれ⅔の高さまで、作ったチーズクリームを入れる

コーヒーシロップに浸したクッキーを1枚ずつ置き、残りのコーヒーシロップを等分に流す

容器の口いっぱいまで、残りのチーズクリームをのせる

チーズクリームを平らにならす。クッキーをはさんで、3層のティラミスになる

冷蔵庫に入れて冷やし固める。一晩おくと、味がまろやかになじむ

# エンジェルフードケーキ

"Angel food Cake"は「天使の食べ物」という名前の、白くてふわふわのケーキ。料理で卵黄だけ使うと卵白が残ることが多く、そのつど、ふた付き容器に入れて冷凍ストック。400g（約12個分）たまったら焼いています。

**【材料　直径25cm×高さ11cmのエンジェルフードケーキ型1個分（3000mℓ）】**

**メレンゲ**

卵白……400g
塩……ひとつまみ
バニラエッセンス……小さじ½
砂糖……300g

**A**
サラダ油……70mℓ
水……70mℓ

**B**
薄力粉……300g
ベーキングパウダー……小さじ1
シナモン（粉末）……小さじ1
ナツメグ（粉末）……小さじ¼

クロテッドクリーム……適量

モーツァルト生誕200年記念にウィーンで販売された、魔笛のコラージュの入った皿にクロテッドクリームを添えて

**【作り方】**

❶ 卵白に塩、バニラエッセンスを加え、ハンドミキサーの高速で固く泡立てる。砂糖を5回に分けて加え、そのつど、ハンドミキサーの高速で混ぜ、艶のあるメレンゲにする。

❷ ❶に **A** を加え、手動の泡立て器で混ぜる。

❸ **B** を合わせ、万能こし器と泡立て器でふるう。

❹ ❸を3回に分けて❷にふるい入れ、そのつど手動の泡立て器で混ぜる。

❺ 何も塗っていないケーキ型に❹を流す。

メレンゲを作る。ボウルに、材料の卵白、塩、バニラエッセンスを入れる

ハンドミキサーの高速で泡立てる。ハンドミキサーは、ミキサーの胴をしっかり握る形で

ボウルを傾けても、泡立てた卵白がズルッと落ちないくらい固く泡立てる

砂糖の量が多いので5回に分けて加え、そのつど、ハンドミキサーの高速で混ぜる

シフォンケーキに欠かせない固く艶のあるメレンゲは、卵黄を使わず卵白だけで作る

メレンゲにサラダ油を加えて、泡立て器でしっかり混ぜる

❻ 160℃のオーブンで 50 分焼く。

❼ 竹串を刺して何も付いてこなければ、オーブンより取り出し、型を逆さにふせて冷めるまでおく。

❽ 型と生地の間にナイフを入れて、生地を外す。

❾ 食べる分量を切り分けて皿にのせ、クロテッドクリームを添える。

さらに、メレンゲに水も加えて、泡立て器で混ぜる

だまにならないように、ふるった粉を3回に分けて加え、泡立て器で混ぜる

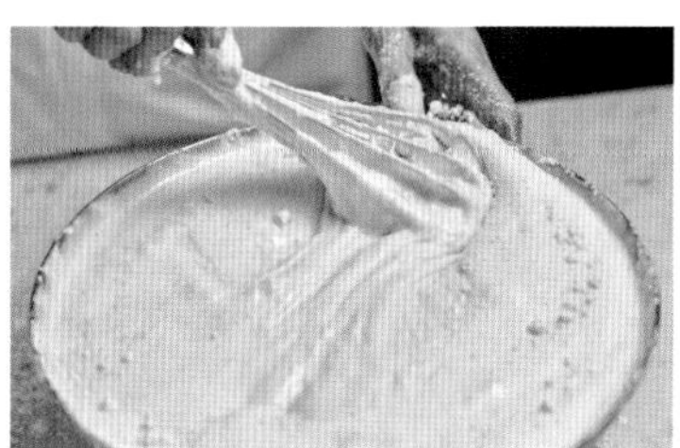

ふるった粉を加えるたび、泡立て器でしっかりと混ぜ合わせる

バターや油など、何も塗っていないケーキ型の8分目まで、生地を流す

160℃のオーブンで50分焼く。卵白が余分にあったので、750㎖容量の型も使った

竹串を刺して何も付いてこなければ、オーブンより取り出す。型を逆さにふせて冷めるまでおく

# そば安倍川

そばがきは、そば粉を熱湯で練ったもの。母親に習った作り方を思い出して作りましたが、冷めるとどうしても固くなってしまいます。そこで、片栗粉を足して電子レンジで作ると、ふっくら仕上がり、翌日まで柔らかです。

**【材料 4個分】**

そば粉……20g
片栗粉……10g
砂糖……小さじ1
サラダ油……小さじ1
水……150㎖
きな粉……40g
**A** 砂糖……大さじ2
塩……少々
こしあん（市販品・4等分して丸めておく）……80g

片栗粉を足して電子レンジで作ると、ふっくら柔らかく仕上がる。翌日になっても固くならない、そば安倍川の出来上がり

## 【作り方】

❶ きな粉に **A** を合わせ、まな板または平皿に直径 15cmの小山状にふるっておく。

❷ 耐熱ボウルにそば粉と片栗粉を合わせてふるい入れ、砂糖とサラダ油、水を加えて混ぜる。

❸ ふんわりとラップをして、電子レンジ 600W で 1 分加熱する。取り出して混ぜ、再びふんわりとラップをして、電子レンジでさらに 1 分加熱する。

❹ 取り出して、泡立て器で混ぜ、全体を滑らかにする。

❺ 水でぬらしたスプーンで❹の ¼ 量をすくって❶にのせ、きな粉をたっぷりつけたそばがきを 20cm四方のラップに移し、こしあんを置いて包み、さらにきな粉をまぶす。残りも同様に作る。

そば安倍川4個分の材料。最後に登場するのは、和風のおやつ

きな粉に砂糖と塩を合わせ、小さめの泡立て器で混ぜる

砂糖と塩を混ぜ合わせたきな粉を柄付きざるに入れ、まな板に直径15cmの小山状にふるう

ボウルに、そば粉と片栗粉を合わせて、これも小さめの泡立て器で混ぜる

耐熱ボウルに柄付きざるを渡し、合わせた粉を入れ、泡立て器で混ぜながらふるう

ふるった粉類に、砂糖とサラダ油、水を加えて、泡立て器で混ぜる

専用のふた、またはふんわりとラップをし、電子レンジ600Wで1分加熱する

電子レンジから取り出して、下に沈んでいるそば粉などをほぐすようにして混ぜる

ふた、またはラップを戻して、電子レンジ600Wで1分加熱する

取り出して、もう1回泡立て器で混ぜ、全体を滑らかにする

水でぬらしたスプーンで、そばがきの¼量をすくって、きな粉の上にのせる

きな粉をたっぷりつけたそばがきを20cm四方のラップに移し、中央にこしあんを置く

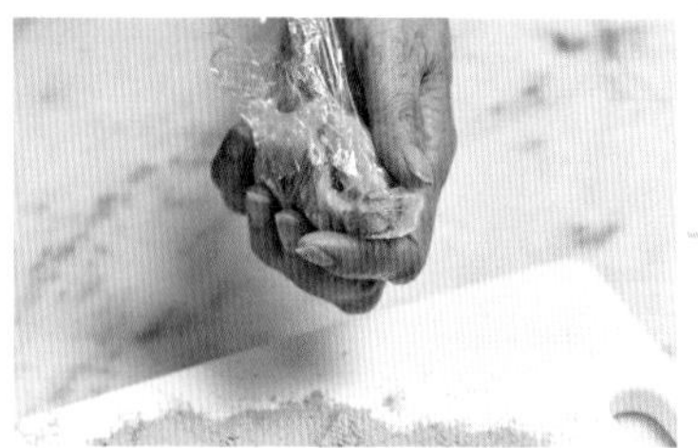

こしあんをそばがきでくるむようにラップで包んで、形を整える

ラップを外し、もう一度、きな粉をまぶす。残りも同様にする

# 村上祥子　Sachiko Murakami

料理研究家。管理栄養士。公立大学法人福岡女子大学客員教授。
1985年より、福岡女子大学で病態栄養指導講座を担当。治療食の開発で、油控えめでも１人分でも短時間でおいしく調理できる電子レンジに着目。以来、研鑽を重ね、電子レンジ調理の第一人者となる。糖尿病、生活習慣病予防・改善のための栄養バランスのよい、カロリー控えめのレシピ、簡単にできる１人分レシピ、日本型食生活を子どものうちから身につけるための３歳児のミニシェフクラブ、保育所、幼稚園、小学校の食育出前授業など、あらゆるジャンルに電子レンジテクを活用。日本栄養士会主催の特別保健指導にも講師として参加する。
「ちゃんと食べてちゃんと生きる」をモットーに、日本国内はもとより、ヨーロッパ、アメリカ、中国、タイ、マレーシアなどでも、「食べ力®」をつけることへの提案と、実践的食育指導に情熱を注ぐ。自称、空飛ぶ料理研究家。電子レンジ発酵パンの開発者であり、バナナ黒酢の生みの親。食べることで体調がよくなるたまねぎの機能性に着目。「たまねぎ氷®」を開発、その後「にん玉ジャム®」も開発し、注目を集めている。
2019年７月３日、テレビ朝日系「徹子の部屋」出演のきっかけになった『60歳からはラクしておいしい頑張らない台所』は、料理レシピ本大賞2020エッセイ賞を受賞。2023年10月23日、NHKテレビ「あさイチ」に出演するなど、テレビ出演の依頼も多い。これまでに出版した単行本は576冊、出版部数は1264万部にのぼる。公立大学法人福岡女子大学にある「村上祥子料理研究資料文庫」の50万点の資料は、一般公開されている。

村上祥子のホームページ 

村上祥子の空飛ぶ食卓 

# おわりに

文部科学省のスローガン「早寝、早起き、朝ごはん」を地でいくような生活をしています。朝日が障子戸から差し込むと、パッと跳ね起きます。ゆっくりミルクティーを飲み、3階の自室から下に降り、朝刊を取り、昨夜出した生ゴミ入れのポリペールと、野良ネコ除けの重石を片付け、落ち葉を掃き、出勤してくるスタッフ用にガレージのドアを開け、3階に戻ります。

西日本新聞の朝刊に目を通しながら、42年間続く連載「村上祥子のきょうの一品」を切り抜きます。定番の朝ごはんを食べ、ゆっくりお風呂につかります。同じ朝刊の広告に出ていた、脳科学者の中野信子さんの著書『科学がつきとめた「運のいい人」』に、「早起き」と「ゆっくりお風呂」で幸せホルモンが大分泌、ツキを回復……とあり、「まるで私みたい」と悦に入ります。このように私はうぬぼれ上手。これからやろうとしていることも、うまくいくという自信があります。本